Un témoin du siècle

Jean-Marc Ela

Cheikh Anta Diop
ou
l'honneur de penser

L'Harmattan
5-7, rue de l'École-Polytechnique
75005 Paris

DU MEME AUTEUR

- *La Plume et la pioche,* Clé, Yaoundé, 1971.
- *Le cri de l'homme africain,* L'Harmattan, Paris, 1980 (trad. anglaise et néerlandaise).
- *Voici le temps des Héritiers. Eglises d'Afrique et voies nouvelles,* en collaboration avec R. Luneau, Karthala, Paris, 1981 (trad. italienne).
- *De l'assistance à la libération. Les tâches actuelles de l'Eglise en milieu africain,* Centre Lebret, Paris, 1982 (trad. anglaise et allemande).
- *L'Afrique des villages,* Karthala, Paris, 1982.
- *La Ville en Afrique noire,* Karthala, Paris, 1983.
- *Ma foi d'Africain,* Karthala, Paris, 1985 (trad. allemande, italienne et anglaise).
- *L'État au village. Le défi des paysans d'Afrique,* Karthala, Paris, 1989.

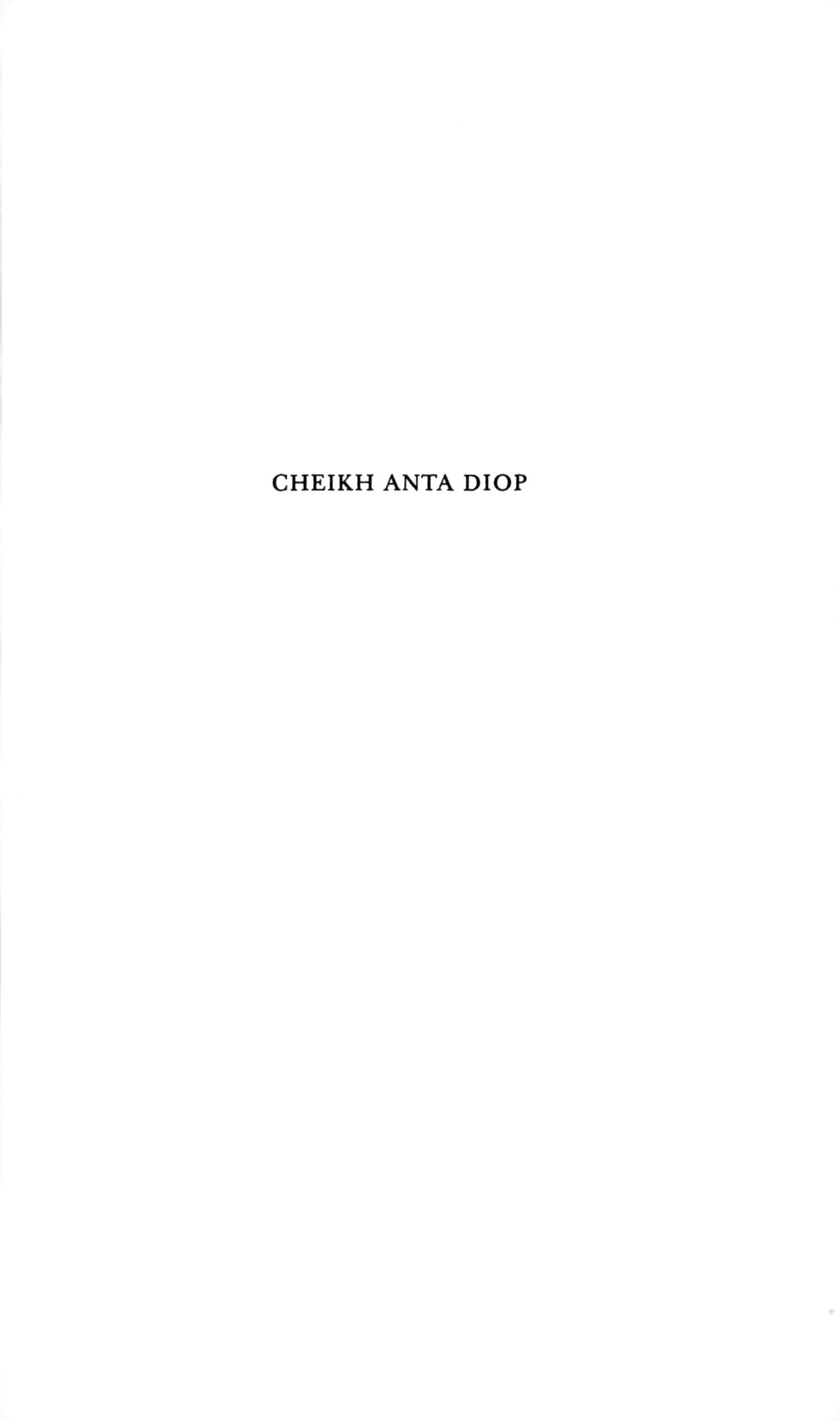

CHEIKH ANTA DIOP

ISBN : 2-7384-0463-4

A LA JEUNESSE AFRICAINE

« Ce que l'Occident appelle l'universalité de la science, de l'histoire ou de la philosophie, n'indique souvent que le sens de son propre confort de vivre et de dominer. Le degré d'universalité qu'il se confère mesure le poids d'impérialisme qu'il est prêt – en toute bonne conscience – à jeter sur nos vies. L'impérialisme est en effet source de confort (intellectuel, social, ou économique) au détriment d'autrui. »

(A. DIOP)

« L'Afrique apporte toujours quelque chose de rare », disait Rabelais à l'aube de la Renaissance. De toute évidence, Ch. A. Diop représente ce que le Continent noir a produit d'unique et d'exceptionnel dans l'histoire du savoir. La mort subite de cet homme frappe toute l'Afrique. Il faut se relever de ce choc pour méditer sur le sens et la portée d'une œuvre qui a ébranlé les fondements de la pensée moderne. Ch. A. Diop n'a pas seulement légué un riche héritage aux générations africaines : c'est l'apport de cet homme à l'histoire de l'humanité qui doit être pris en compte. Ce chercheur doit être situé à son vrai niveau qui est l'aventure de la raison dans l'histoire. Je voudrais évoquer ici la vie d'un Africain qui incarne « l'honneur de penser ».

Cette étude s'impose si l'on veut comprendre l'impact de Ch. A. Diop sur les élites intellectuelles négro-africaines. On se souvient de la fascination que l'auteur de *Nations nègres et culture* a exercée sur les jeunes des années Soixante. Il faut se référer à cet égard aux résultats de l'enquête de J.P. Ndiaye sur *Les Etudiants noirs en France*. Le nom de Ch. A. Diop est cité (31 %) après celui de Césaire (42 %) et de Senghor (38 %) parmi les grands auteurs qui ont travaillé à la réhabilitation des cultures négro-africaines. Cette emprise n'a pas cessé de se faire sentir sur la deuxième génération de l'indépendance. Rappelons le choc brutal que la mort du célèbre égyptologue a provoqué dans les campus universitaires et les milieux intellectuels. Dans les capitales du continent, des milliers de jeunes envahissaient les amphithéâtres pour écouter, dans un silence quasi-religieux, le maître prestigieux partager le fruit de ses années de recherche. L'auditoire accueillait ses interventions avec admiration et enthousiasme. L'éminent historien savait parler un langage clair. En dépit du contenu de ses démonstrations savantes, son style était accessible au grand public. Cet authentique intellectuel était porteur d'un message unique qui manquait à une génération qui lisait Césaire, Senghor, Rabémananjara, Alioune Diop, Fanon ou Cabral. Ch. A. Diop a su communiquer ce message avec conviction et persuasion. Aussi, l'impact de sa pensée est considérable comme le révèlent aujourd'hui les témoignages par lesquels de nombreux intellectuels noirs lui rendent hommage.

Pour Théophile Obenga, l'un de ses disciples, Ch. A.

Diop « était un homme transcendantal[1] ». De fait, le seul homme de culture noire de son temps qui se soit consacré à l'étude de l'Egypte ancienne s'est imposé à l'ensemble du monde noir comme « un géant du savoir[2] ». Peut-être Ch. A. Diop représente-t-il le type de l'érudit africain engagé dans le débat scientifique des temps modernes. Ce fils d'Afrique n'a pas seulement fait le tour du monde des connaissances comme l'attestent l'étendue et la profondeur de sa culture, mais il est, sans doute, véritablement, l'un des rares savants noirs de réputation mondiale. On sait qu'il était membre de nombreuses sociétés savantes. Est-il exagéré de penser que ce grand témoin de la vie de l'esprit soit le génie qu'aura compté le XXe siècle en terre africaine ? Ce qui est sûr, comme le remarque Iba Der Thiam, c'est qu'« à l'heure actuelle, il n'en est en Afrique, pourtant riche en hommes de valeur et de renom, pas de savant qui ait la dimension et l'autorité internationales de Cheikh Anta Diop, pas de savant qui jouisse au même degré de l'aura et de l'estime internationales qu'il a su conquérir, pas de savant dont la notoriété et la réputation dépassent à ce point les limites de notre continent[3] ». Comment oublier ici l'audience et le retentissement de son œuvre auprès des Noirs de la Diaspora qui ont perdu en lui « l'un des grands militants les plus acharnés de la culture noire[4] » ? Une plaque commémorative qui fut remise solennellement à Ch. A. Diop le 12 janvier 1985 à Londres considère le célèbre historien comme « l'homme de science qui a exercé l'influence la plus considérable sur la pensée noire au XXe siècle ».

Bien avant la mort de l'égyptologue sénégalais, à Atlanta, le 29 septembre est une journée Cheikh Anta Diop. Que cet homme de science ait exercé l'influence la plus profonde sur la génération de son temps est un fait reconnu depuis le premier festival mondial des Arts nègres qui s'est tenu à Dakar en 1965. A travers l'Afrique, de nombreux témoignages sur le retentissement de son œuvre révèlent l'ampleur de son influence. Au Cameroun où le savant venait de livrer son testament, Paul Biya a traduit l'émotion de tout un peuple affecté par la mort subite d'« un homme de science exceptionnel, convaincu et courageux, qui a consacré l'essentiel de sa vie à la recherche scientifique et particulièrement à l'histoire africaine, ainsi qu'à la réhabilitation des nations et cultures nègres ». A travers la radio, la presse écrite et la télévision, l'on a pu découvrir la profonde admiration des nouvelles générations pour le savant disparu. Les jeunes des collèges et des lycées, les revendeuses du marché et les chauffeurs de taxi comme les étudiants d'université et les intellectuels ont été touchés par la mort de l'homme qui a inscrit le nom de l'Afrique dans l'histoire universelle de la science. Les grandes disciplines de recherche où Ch. A. Diop s'est illustré appartiennent aux sciences sociales et humaines dont la place et le rôle ne peuvent être méconnus dans les processus de transformation des sociétés africaines.

Ne faut-il pas retrouver au travers de son œuvre l'homme de science que les professeurs d'Universités africaines rêvaient de rencontrer quand ils étaient de passage à Dakar ou dans une autre ville d'Afrique ? En effet, il serait dangereux que Ch. A. Diop soit entouré d'un mur de silence comme il faut s'y attendre dans les milieux qui imaginent avoir atteint l'Himalaya du savoir et n'ont plus rien à apprendre de ce qui peut venir de l'Afrique. Les réserves et l'allergie de certains pontifes ne sauraient nous fermer à l'œuvre de celui qui lisait couramment les hiéroglyphes et parlait parfaitement le wolof, sa langue maternelle. Il s'agit là des domaines où bien des adversaires de l'égyptologue indigène ne connaissent pas grand-chose tandis que les linguistes et les ethnologues qui le critiquent n'ont aucune compétence en égyptologie qui est la discipline maîtresse de l'anthropologue africain. Ch. A. Diop s'est forgé un certain nombre d'outils pour fonder le savoir autour du passé et de l'avenir de l'Afrique.

Né en 1923 dans le Cayor pétri de foi en Dieu, ce disciple de Curie et de Bachelard ne peut manquer d'étonner et de surprendre. Le savant qui conçut le Laboratoire C 14 réalisé sous ses directives par des techniciens et artisans sénégalais n'est pas seulement l'auteur d'un ouvrage sur le physique nucléaire. Passionné d'archéologie et de préhistoire, il accorde une place importante aux études linguistiques dans sa vie et sa pensée. *Ch. A. Diop appartient à l'histoire des sciences où chaque chercheur apporte un rayon de lumière dans la quête humaine de la vérité.* Peut-on comprendre aujourd'hui l'impact de Ch. A. Diop sans tenir compte de l'effort qu'il a entrepris pour réorganiser les sciences à partir de ses recherches fondamentales ? Il faut relire Ch. A. Diop et découvrir son apport à l'histoire des sciences. Peut-être verra-t-on mieux le chemin qu'il a tracé aux nouvelles générations africaines et le débat que son œuvre suscite au sein de la communauté scientifique.

Le petit livre qu'on va lire veut contribuer à cette recherche. S'il est vrai que le penseur appartient à son temps, il paraît difficile de comprendre Ch. A. Diop sans prendre en considération le poids des événements, les conflits majeurs, les contradictions et les luttes, les aspirations et les grands défis qui marquent les hommes de sa génération. On trouvera ici une série de réflexions qui s'ordonnent autour de l'Afrique, le centre de gravité de son œuvre et de sa pensée. Sur ce thème fondamental se polarise la vie du penseur passionné de recherche et rompu à toutes les disciplines intellectuelles. En se concentrant sur ce sujet d'études, le chercheur indigène s'est heurté à de nombreux obstacles.

Depuis l'Antiquité, un folklore très riche, nourri d'emprunts à la littérature de voyages, n'a cessé de reproduire une certaine image de l'Africain dans la vie intellectuelle en Occident. Au moment de la Renaissance, la découverte des autres mondes est aussi pour les Européens une découverte des autres peuples et cultures. L'interrogation scientifique qui s'amorce ne dissipe pas tout à fait les mirages à travers lesquels les découvreurs des humanités nouvelles projettent leurs fantasmes et leurs rêves comme aussi leurs réminiscences classiques. A travers l'histoire de l'expansion de l'Europe à partir de l'ère industrielle, l'inventaire du phénomène humain place les voyageurs, les conquérants, les explorateurs, les missionnaires, les savants et les philosophes en face de l'énigme de l'homme noir.

L'œuvre de Ch. A. Diop s'inscrit dans l'horizon du choc des cultures et de la différence où se sont développées depuis l'époque des Lumières les études et les recherches sur les sociétés non occidentales. Les travaux du chercheur africain se déploient dans un vaste domaine interdisciplinaire où, à chaque tournant, l'Afrique apparaît à la fois comme un donné, une réalité de fait et une question, un enjeu historique et épistémologique. Où se situent, en vérité, ces hommes qui, dès le XVe siècle, sont confrontés au regard de l'Occident ?

A l'intérieur du territoire de l'histoire, la démarche scientifique qui tend à cerner les peuples pour s'en assurer la maîtrise et la possession échappe-t-elle aux légendes, aux réflexes et aux stéréotypes, aux mythes divers élaborés au long des siècles d'esclavage et de colonisation ? La rencontre avec l'Afrique s'intègre à l'ensemble du discours sur l'autre dont la différence fait problème. Ch. A. Diop va reprendre ce discours après des générations de penseurs et de savants qui, sans jamais renier l'héritage des Lumières, disent la gloire de l'homme blanc et lui dévouent, comme offrande, un monde « sans histoire ». *L'œuvre de Ch. A. Diop apparaît comme un long débat sur le problème de l'Afrique dans le regard de l'Occident.*

A travers les facettes de cette œuvre, le Noir s'introduit dans le champ où le savoir se partage. Il s'en approprie les outils et les instruments efficaces pour oser s'interroger sur les discours savants et remettre en question quelques mythes.

Pour comprendre la parole du chercheur qui éclate en pleine crise de l'impérialisme colonial, il faut revenir à cette relation de l'Occident à l'autre où le regard porté sur les peuples dits primitifs ne peut être au-dessus de tout soupçon. Avec une information étendue, une vaste culture et une pensée fulgurante, Ch. A. Diop affronte « une génération de potentats de la science ». Il en vient à ébranler le socle sur lequel se fondent des territoires épistémologiques.

Les pages qu'on propose sont le récit de ce conflit des interprétations. Elles résument l'essentiel des réflexions et des entretiens que j'ai cru devoir restituer pour mettre en évidence le mouvement d'une pensée et ses grandes articulations. On ne peut évoquer les questions qui habitent Ch. A. Diop sans retracer « l'itinéraire du militant ». En réalité, il s'agit ici de retrouver le savant et le politique au cours des années où l'homme de culture est un témoin d'une époque traversée par des conflits qui ont provoqué la fin des empires. Il faut replacer l'œuvre de Ch. A. Diop dans ce contexte global. Est-il besoin de souligner les limites des réflexions qui vont suivre ? Je n'ai jamais rencontré Ch. A. Diop ni parlé avec lui. Je me suis contenté de le lire. Ce qui me frappe chez cet homme, c'est sa modestie intellectuelle et la passion de la recherche. Dans les sociétés en désarroi où les jeunes Africains sont en quête de référence, la méditation de sa vie et de son œuvre ne peut-elle pas permettre aux nouvelles générations de se situer en profondeur par rapport à des valeurs fondamentales et de faire des choix d'avenir ?

NOTES

(1) Th. Obenga. « Hommage à notre camarade Cheikh Anta Diop », *Taxaw*, n° 28, mars 1986, p. 5.

(2) Lire « La mort de Cheikh Anta Diop », *Le Soleil* des 8 et 9 février 1986.

(3) Iber Der Thiam. « Un géant de l'esprit et du cœur », *Taxaw*, n° 28, p. 3.

(4) *Idem*.

I
Le moment de Cheikh Anta Diop

Les grandes périodes de crise incitent toujours à la réflexion globale comme on peut le vérifier à travers l'histoire de la pensée antique et moderne. L'œuvre de Ch. A. Diop est née dans les tourments d'une époque décisive où les mythes de la puissance coloniale s'effondrent.

Un monde éclaté

Depuis la Renaissance, le monde n'est plus l'Occident mais c'est l'Occident qui domine le monde. Un réajustement des valeurs s'impose au moment où les peuples longtemps tenus à l'écart des responsabilités mondiales veulent reconquérir leur initiative historique. Jamais l'humanité n'avait connu une telle crise depuis la fin de l'Empire romain. Après le choc des cultures provoqué par l'élargissement des horizons de la Renaissance, les conflits confessionnels qui déchirent les citoyens restent intérieurs à l'Europe écartelée entre le catholicisme baroque et la Réforme protestante. Ces événements obligent les penseurs à redéfinir le statut de la religion à l'intérieur de l'Etat. Face aux fanatismes divers, il faut substituer à la tyrannie de la déraison le règne de la raison par un nouvel aménagement de l'espace politique.

L'Europe des Lumières s'édifie sur fond de crise de conscience. Pour que se déploie un nouveau regard sur la nature, l'homme, la société et l'Etat, la raison a besoin de s'affranchir de la tutelle de la religion afin de relever le défi de la science qui s'affirme depuis le procès de Galilée. Ce à quoi l'on assiste au lendemain de la seconde guerre mondiale est plus grave. Déjà, au début du siècle, des penseurs annoncent « le déclin de l'Occident ». Avec la révolte des hommes de couleur, ce qui est mis en question, c'est l'autorité des Etats modernes fondée sur l'équilibre des pouvoirs comme l'avait préparée, sous l'influence des « philosophes », la Révolution de 1789 qui met fin à la société féodale. Après avoir confirmé la révolution industrielle, les bourgeoisies européennes qui ont procédé au partage de l'Afrique à la conférence de Berlin voient menacées les richesses accumulées depuis la traite négrière et les conquêtes coloniales. De nombreux peuples découvrent que l'Occident ne leur avait fait jusqu'ici que peu de bien, ne cherchant qu'à satisfaire sa volonté de puissance. *Ce qui est en cause, c'est à la fois le capital et le savoir sur lesquels s'était construit le pouvoir occidental.*

Il importe de souligner la dimension intellectuelle de la crise des rapports entre l'Europe et ses colonies. Car le mouvement qui porte les Africains à secouer la tutelle occidentale déborde le cadre de la seule littérature pour embrasser la religion, la politique, l'économie, l'anthropologie et l'histoire. Pour me limiter à cette discipline, il suffit de rappeler qu'avant les indépendances africaines, l'histoire se situe, depuis la Renaissance, du côté d'un pouvoir politique, celui de l'Occident, qui fait l'histoire. Ecrire l'histoire à partir de la situation des « damnés de la terre » exige une sorte de « détrônement », un acte irreligieux à l'égard d'un pouvoir divinisé qui s'était imposé à la majorité des peuples de la planète. Il faudra sortir des fictions, exorciser le sauvage pour la mise en scène d'un autre récit de la réalité, à partir des faits méconnus mais essentiels pour construire dans le présent une autre raison. Ce qui se cherche, dans la vie intellectuelle de cette fin de monde, c'est un autre modèle d'intelligibilité qui met en lumière la tâche des penseurs noirs qui s'emploient à « démaquiller » l'Occident et à le remettre à sa vraie place. Venues de ce que Sartre appelait « l'indigénat d'élite[1] » fabriqué par les colonisateurs, des voix longtemps muettes déplacent la question de l'origine de la civilisation et des modèles de référence. « L'Europe (...) désordonnée va vers des abîmes, dont il vaut mieux s'éloigner », dira bientôt Fanon. Ce qui se perd progressivement, c'est la foi inoculée par les appareils de la colonisation sur la grandeur de l'Europe et la valeur de son humanisme. Comment penser autrement devant les carnages horribles dont la « force noire » est témoin dans le vieux monde en guerre ? Il n'est plus possible de s'endormir au ronron des catéchismes des administrateurs, des instituteurs et des missionnaires coloniaux. Les yeux s'ouvrent sous le choc des réalités atroces.

Beaucoup d'Africains vont mourir pour la France. Mais au cœur des conflits meurtriers qui opposent les Européens entre eux, les peuples colonisés apprennent à démystifier la « civilisation » de leurs maîtres. Les Noirs ne reprennent pas seulement goût à la liberté, ils découvrent le vrai visage des Blancs. Parmi les peuples sous tutelle, un noyau d'intellectuels pense que le cours normal de l'histoire ne peut plus reprendre avec les mythologies élaborées par les nations européennes pour justifier leur hégémonie. Ch. A. Diop appartient à cette génération d'esprits rebelles qui refusent de croire au mythe de l'Europe.

Un autre temps commence où, depuis l'événement de Bandoung, il sera difficile de se livrer à la vie de l'intelligence sans repenser en profondeur toutes les composantes de la crise qui affecte la position de l'Occident dans le monde et l'histoire. On a vu que les périodes de changements profonds, de révolutions ou de crises font surgir une inquiétude particulièrement vive qui pousse à la réflexion. La période ouverte en 1945, passée l'euphorie de la paix retrouvée, est pleine d'incertitudes sur la nature et l'ampleur des mutations que laissent prévoir les changements qui s'annoncent avec la crise du colonialisme. En Occident, à travers l'évolution de la vie intellectuelle, une recherche inquiète sur l'homme et la vie des sociétés à reconstruire se développe parmi les intellectuels écartelés entre l'existentialisme et le marxisme. On n'a pas assez insisté sur l'extraordinaire effervescence intellectuelle qui, à travers des publications diverses, des journaux de fortune, des pétitions, des conférences et des articles, des chansons populaires, des brochures et des tracts, exprime les formes du nationalisme des années cinquante dont le poids a marqué la mémoire de nombreux peuples africains.

A l'origine des nouvelles institutions politiques ou syndicales par lesquelles les nouvelles revendications s'organisent autour des leaders souvent populaires, il n'y a pas seulement un effort de réflexion juridique d'un haut niveau, mais une invention de la géographie et de l'histoire, une attention à l'économie, aux langues et cultures des territoires colonisés. Les relations internationales sont prises en compte à partir d'une nouvelle évaluation de l'état du monde. Les premiers romans de jeunes écrivains qui sont publiés à cette époque ne suffisent pas à traduire l'ampleur des mutations qui s'opèrent et des interrogations qui surgissent à travers ce qu'Emmanuel Mounier appelait *«l'éveil de l'Afrique noire»*. La perspective des indépendances qui sonnent le glas des empires coloniaux suppose, au préalable, une nouvelle vision de l'humanité dans son ensemble. Dès lors, il s'agit de soumettre au tribunal de la raison la totalité des discours sur l'homme et l'histoire élaborés par l'Occident dans ses rapports avec les peuples opprimés. *Ce que représente l'œuvre de Ch. A. Diop, c'est le défi de la science à partir d'une reprise du sens du devenir humain compte tenu de la place des Noirs dans l'histoire de l'humanité.*

Il faut ressaisir ce moment pour situer l'égyptologue sénégalais et comprendre la pertinence de ses idées maîtresses. Dans le monde confiné de la Sorbonne, les travaux de chercheurs sont réservés à des cercles de spécialistes avant que la décennie suivante transforme leurs auteurs en précurseurs ou en maîtres, comme on le voit chez Bachelard, Lacan ou Lévi-Strauss. Dans ces milieux, le combat politique apparaît comme « l'opium des intellectuels ». Arts, littératures, philosophies et sciences se partagent leurs camps, traquant l'erreur de l'ennemi en tous repères. Pour les intellectuels d'outre-mer, l'événement sur lequel porte la réflexion et qui exige l'engagement, c'est ce qui a commencé avec l'Indochine et éclate avec l'Algérie. C'est aussi ce qui s'annonce au Cameroun avec l'UPC de Um Nyobé. Ce qui donne également à penser, c'est l'insurrection malgache dont la répression, au lendemain de la deuxième guerre, ébranle les consciences. Ch. A. Diop, qui milite déjà comme étudiant dans le R.D.A., suit de près ces événements et en fait l'objet de sa méditation. Au moment où la lutte pour l'indépendance constitue le vécu le plus profond des hommes de sa génération, cet intellectuel pense que l'émancipation des peuples sous tutelle ne met pas seulement en cause un mode de relation au pouvoir. Elle exige aussi une « déconstruction » du savoir imposé par l'Europe pour asseoir sa domination sur les sociétés non européennes.

Les ruses de la rationalité européenne

Est-il besoin de le rappeler ? Comme le mouvement s'esquisse en 1580 avec le chapitre des *Essais* de Montaigne sur *« Des Cannibales »,* depuis la découverte et l'occupation coloniale, ces sociétés n'ont cessé de faire l'objet d'une réflexion philosophique et politique en Europe. Par un phénomène de « détour », l'Occident exprime ses phantasmes et cherche à surmonter ses contradictions au contact des autres cultures. La systématisation de cette réflexion sous une forme scientifique deviendra possible à partir du moment où l'étude des sociétés exotiques se constitue comme science. Car il ne suffit plus de constater que ces sociétés ne sont pas faites à l'image de la société européenne. Il faut faire de leur hétérogénéité l'objet du discours scientifique. Dès lors, un nouveau territoire s'ouvre au savoir qui doit se donner des méthodes et élaborer des concepts pour appréhender et comparer l'ensemble des sociétés différentes.

Au cours du XIXe siècle, il est difficile de séparer l'approche scientifique et l'approche idéologique des phénomènes qui, à partir du choc avec les humanités exotiques, heurtent la conscience européenne. Depuis le XVIIIe siècle, liés à l'expansion de l'Europe hors de ses frontières, on a vu se dessiner les contours d'une réflexion systématique sur les non-Européens. Les informations recueillies dans la littérature de voyage seront reprises sous une forme littéraire, philosophique, historique, politique et anthropologique.

A travers un certain nombre d'écoles, des champs géographiques et sociaux seront délimités par des disciplines diverses qui procèdent à l'inventaire des phénomènes culturels des sociétés intégrées dans les sphères d'influence occidentale. Peu à peu, dans l'approche des réalités des peuples lointains, il faudra passer de la fiction à la science. Pendant des siècles, l'Afrique est restée l'objet d'une curiosité pure. C'était le temps de l'exotisme et du dépaysement qui faisait se précipiter des esprits sur les récits pittoresques du «Journal des Voyages» ou des témoignages de missionnaires vivant au cœur des forêts vierges. Dans ces publications, l'homme africain ne tenait guère plus de place que des serpents venimeux et des bêtes féroces. Speke, le célèbre découvreur des Grands lacs et des sources du Nil, classe les hommes de ces pays dans la faune, juste avant les hippopotames et les éléphants. Mais au moment où la découverte cède la place à la colonisation, les études sur les populations locales commencent à prendre un intérêt pratique. L'administration des colonies suppose la connaissance des hommes, de leur organisation politique et sociale, de leurs coutumes et de leur religion, de leur mentalité et de leurs langues.

La « politique indigène » s'appuie sur les études des populations indigènes. Ainsi, Faidherbe ne se borne pas à créer au Sénégal un « Bureau politique » destiné à conduire les recherches et la pénétration, il s'engage lui-même, malgré son travail de gouverneur et de chef militaire, dans de nombreuses études de sciences humaines dont certaines dépassent largement le cadre des préoccupations immédiates, ainsi que l'indiquent leurs titres : *les populations noires du Sénégal et du Haut Niger, Vocabulaire Ouolof, Poular et Soninké, Recherches anthropologiques sur les tombeaux mégalithiques de Pokina, Essai sur la langue Poul, Les Zenaga, Les langues sénégalaises,* etc. Galliéni, qui fut formé au Bureau politique du Sénégal, prescrit à ses subordonnés d'établir des monographies minutieuses de leur circonscription. « L'action politique, écrit-il, tire sa plus grande force de la connaissance du pays et de ses habitants. » De là naîtra une floraison d'études ethnologiques tout au long de la colonisation. Au Ghana, Rattray consacre vingt ans de sa vie à étudier les organisations politiques et sociales des Achanti. Delafosse, administrateur et gouverneur, décrit les langues de la Côte-d'Ivoire et du Soudan, révèle l'histoire des grands empires du Niger et s'expose à faire comprendre l'originalité des sociétés africaines et de l'âme noire. Si la mise en valeur des colonies fait passer à l'arrière-plan l'importance des études en sciences de l'homme, de fortes personnalités parviennent à maintenir les exigences du savoir dans l'empire colonial. Ainsi, Marcel Griaule fait financer la célèbre « Mission Dakar-Djibouti » qui marque le point de départ des recherches en profondeur. Les progrès réalisés ont été lents.

Mais pour stimuler et promouvoir les études et les recherches, des institutions appropriées sont mises en place. Ainsi, en 1795, *l'African Association* de Londres commandite un jeune écossais de vingt-quatre ans ayant « une formation médicale et des connaissances en histoire naturelle » pour entreprendre un voyage de prospection à l'intérieur de l'Afrique. Le récit de voyage de ce jeune écossais qui se nomme Mungo Park demeurera un legs ethnographique irremplaçable qui permettra à l'Angleterre du XVIIIe siècle d'apporter plus de clarté sur un continent enfermé dans l'obscurité totale[2]. En 1799, naît la Société des observations de l'homme. Quant à la célèbre Société d'Ethnologie de Londres, elle voit le jour en 1839. Elle aura son homologue parisien. De même, la Société d'Anthropologie de Paris est créée en 1844. Entre les deux guerres, apparaît l'Institut d'Ethnologie, œuvre de Lévy-Bruhl et de Mauss, et le célèbre Musée de l'Homme dont le professeur Rivet fut le fondateur. C'est là que fonctionnera, pendant longtemps, la formation pratique de nombreux ethnologues. Rappelons aussi que la Société française des africanistes date de 1931, l'année de *l'Exposition coloniale.*

Durant la même période, s'établit à Dakar, pour les besoins de l'A.O.F., l'Institut français d'Afrique noire qui occupe des chercheurs en sciences humaines et produit de nombreuses publications. L'Afrique de l'Ouest connaîtra un organisme d'enquête anthropologique. Après la guerre, l'Office de la recherche scientifique outre-mer (ORSTOM) fonde des instituts de recherche à Brazzaville, au Cameroun et au Togo pour ne parler que de l'Afrique noire. Ces différents centres procèdent à de nombreuses études de terrain dans les divers domaines de la géographie, de l'alimentation ou de la démographie. En outre, les services de la Statistique et du Travail au ministère de la France d'Outre-Mer effectuent certaines enquêtes. Par ailleurs, le Conseil supérieur des recherches sociologiques outre-mer aura pour tâche de coordonner les efforts et de susciter les bonnes volontés dans les territoires tropicaux.

Les Britanniques créent en Afrique orientale, en Rhodésie et au Nigeria, des instituts de sciences humaines que les gouverneurs utilisent à plein rendement. Il en est de même des Belges qui n'abandonnent nullement la connaissance des indigènes aux missionnaires pour les besoins de l'évangélisation comme le montre *La Philosophie Bantoue* du Père Tempels.

A partir de ces centres d'études et de recherche, une somme de connaissances sur l'Afrique se constitue dans les divers domaines du savoir. Ce mouvement s'esquisse dès l'expédition d'Egypte où Bonaparte se fait accompagner par une quarantaine de savants pour un travail d'exploration dont le pays des Noirs, par-delà le Nil, est l'objectif ultime. Cet objectif commence à se réaliser pleinement à partir des travaux de Griaule et de ses disciples. Volney avait ainsi ouvert une ère de recherche qui s'épanouit au moment où, après la seconde guerre mondiale, l'essor des sciences humaines est un fait d'évidence.

La fin d'un regard

Ch. A. Diop s'inscrit dans ce vaste mouvement où des idées neuves, d'autres thèmes et orientations de pensée et de recherche font surgir un discours sur l'homme qui tend à éclater en spécialités de plus en plus nombreuses et fait naître le besoin d'une mise en perspective unitaire de la diversité des champs d'exploration et d'analyse. Au début d'une étude fondamentale[3], le chercheur africain reconnaît la dette qu'il doit à ses maîtres parmi lesquels il nomme en premier lieu Gaston Bachelard qui a contribué, en lui, à « la formation de l'esprit scientifique ». Il évoque aussi le souvenir de Griaule dont l'œuvre a marqué une génération d'anthropologues. Enfin, Ch. A. Diop exprime sa « gratitude d'élève » à ses professeurs André Aymard et Leroi-Gourhan. Ce dernier ne fut pas seulement un préhistorien mais un ethnologue qui enseigne d'abord à Lyon puis à Paris au moment où Ch. A. Diop entreprend ses travaux sur l'Egypte ancienne. Peut-être l'étudiant noir a-t-il reçu de son maître, qui restitue l'homme dans sa vie matérielle à travers l'ethnologie préhistorique, ce sens du concret et ce souci de la mise en relation de vestiges qui, pris séparément, n'offriraient aucun intérêt. Pour l'auteur du *Geste et de la Parole*, qui enseigne à la fois l'anthropologie physique, l'ethnologie et la préhistoire, tout, dans le sol mis à nu, devient signifiant. Dès lors, la *tâche du savant est de chercher l'homme dans le plus humble témoignage de son histoire enfouie.*

Ces repères délimitent l'univers mental de Ch. A. Diop et mettent en lumière les continuités et les ruptures à partir desquelles s'affirme l'originalité de son œuvre et de sa pensée.

L'égyptologue africain n'ignore pas que d'autres savants ont travaillé sur les sujets qui le préoccupent. Sans doute, les chercheurs étrangers n'ont pas toujours reconnu la valeur de ses thèses. Peut-être ne devaient-ils pas faire autrement quand on se rappelle que ces thèses s'élaborent dans un contexte de lutte anti-coloniale où « l'on se donnait, volontiers, libre cours, aux passions ». Aussi, « certains soupçonnaient, alors, une attitude tendancieuse, mais qu'ils qualifiaient de compréhensible, visant à doper les peuples culturellement déshérités, pendant la phase de lutte pour l'indépendance». Il faut aussi reconnaître que, au départ, les vues du chercheur indigène ne reçurent guère plus de crédit auprès de tous ses congénères. Pour l'auteur de *Nations nègres et culture,* il n'y a là rien de très étonnant :

> « La formation intellectuelle des Africains qui n'en était qu'à ses débuts, était, en général, trop inconsciente pour leur permettre de se faire une opinion personnelle sur la thèse soutenue, sans s'appuyer, au préalable, sur l'opinion d'une autorité sacro-sainte[4].»

Dans cette solitude qui hante les créateurs et les pionniers, Ch. A. Diop s'obstinera à faire entendre la seule voix de la raison en posant la question qui l'habite sur le terrain de l'objectivité.

L'enjeu est considérable dans un tournant de l'histoire de la culture où la vérité sur les réalités africaines ne peut plus venir du dehors, dans les pays des colonisateurs où les indigènes auraient leurs maîtres à penser. Le savant sénégalais s'engage dans un débat où l'Afrique n'est plus uniquement l'objet mais le sujet du savoir. Au moment où l'africanisme apparaît comme une affaire concernant, non pas tout le continent africain, mais seulement l'Afrique noire, Ch. A. Diop bouleverse la carte du jeu scientifique en centrant ses travaux sur l'Egypte, cette partie du continent généralement délaissée par *les chercheurs en quête d'une tribu où l'homme blanc n'a pas encore mis le pied* et qui, de ce fait, reste étrangère à toute forme de « contamination. » En pleine colonisation, l'égyptologue sénégalais annonce une époque déterminante où les Africains ne peuvent plus se contenter d'affirmer leur droit et leur devoir de décoloniser leur univers culturel ; ce qui s'impose, c'est la nécessité, pour les Noirs, de reprendre en main la recherche scientifique et l'élaboration de l'histoire, sur leur propre continent. Ce problème se posera en 1961 lorsque se tient à Accra le congrès des Africanistes où se fait remarquer l'absence quasi totale de l'Afrique du Nord.

Dès 1954, *Ch. A. Diop tient à souligner l'importance d'un mouvement scientifique à partir du sol africain.* C'est pourquoi, au milieu d'une génération d'écrivains, de romanciers, de musiciens et de poètes, il veut assumer sa vocation d'homme de science. Sans doute, il ne cherche nullement à établir un fossé entre la science, les lettres et les arts qui constituent des formes d'expression d'une culture. Comme le montrent les différentes résolutions rédigées par les commissions des *Congrès des écrivains et artistes noirs à Paris et à Rome,* historiens et philosophes, théologiens et sociologues africains se trouvent engagés, chacun dans son domaine, dans un combat avec les hommes de lettres et les artistes. Au moment où les poètes, regroupés autour de deux revues, *Légitime défense* et *L'étudiant noir,* chantent la beauté de l'Afrique retrouvée et les douleurs de la race opprimée, Ch. A. Diop rend hommage « au courage, à la lucidité et à l'honnêteté du génial poète Aimé Césaire : après avoir lu, en une nuit, toute la première partie de l'ouvrage, il fit le tour du tout Paris progressiste de l'époque, en quête de spécialistes disposés à défendre, avec lui, le nouveau livre, mais en vain ! Ce fut le vide autour de lui[5] ».

Mais l'hommage rendu au poète qui revendique ses « danses de mauvais nègre » n'empêche pas l'homme de science de prendre ses distances par rapport au mouvement dont Césaire est l'un des grands initiateurs. Pour éviter toute confusion et situer le débat sur le terrain de la science où, seule, « une formation technique » donne accès, Ch. A. Diop rappelle son projet spécifique :

> « Il ne s'agit point d'une théorie de la négritude. Notre intention est d'éclaircir un point précis de l'histoire humaine, d'établir un fait singulier de cette histoire, de le dégager du monceau d'affirmations fausses sous lesquelles il est enseveli[6]. »

Tel est le sens d'une œuvre dont l'enjeu scientifique se dévoile à chaque étape de la recherche où Ch. A. Diop se heurte à des préjugés accumulés au cours d'une histoire qui s'apparente à un long passé d'erreurs. Pour en débusquer les contours, l'érudit n'hésite pas à remonter à l'Antiquité. Car, si la perception du nègre décrit par Hérodote, Aristote ou Strabon n'a rien de péjoratif comme l'atteste l'iconographie grecque dont les thèmes seront repris à l'époque de la Renaissance[7], pour beaucoup, l'Afrique n'est pas seulement le continent peuplé d'hommes au visage brûlé situés à « l'autre bout du monde » et pour lesquels on travaille en vain en cherchant à les blanchir ; il s'agit davantage d'une terre de légendes nées de la poésie d'Homère à travers *l'Iliade* et *l'Odyssée* dont les récits structurent l'imaginaire collectif. C'est aussi une terre d'épouvante où Pline découvre un réservoir de spécimens de ce bestiaire fantastique que reproduira le Moyen Age et qui ne cessera d'alimenter les rêves des Occidentaux. L'on écartera donc toutes les observations de la science antique sur les Noirs pour retenir ce que la mythologie a imaginé de monstres et de curiosités exotiques sur l'Africain. Au moment où Rome domine encore le monde, les Noirs ne sont plus ces hommes « élus selon la beauté, la force et la taille » dont parle Aristote. Ils tombent dans la banalité d'un thème exotique où leur anatomie relève des catégories du grossier et du ridicule. Appelé à définir l'identité culturelle, Ch. A. Diop découvre chez Galien « la genèse de l'imagerie du Noir dans la littérature occidentale ».

Car le médecin grec ramène « les traits caractéristiques du nègre à deux, qui lui paraissent fondamentaux :

1. longueur démesurée du sexe ;
2. hilarité, forte propension au rire.

Le nègre est un être hilare au sexe démesurément long (...). Ces identifications caricaturales du Noir à partir de quelques traits psychologiques plus ou moins mal dégagés seront poursuivies jusqu'à nos jours par des auteurs en mal de définitions, en passant par le comte de Gobineau, ancêtre idéologique du nazisme. Pour celui-ci, tout art résulte du mariage de la sensibilité végétative du nègre, qualité inférieure, et d'une rationalité apollinienne blanche, qualité supérieure. En Afrique noire, « le génie artistique (...) n'a surgi qu'à la suite de l'hymen des Blancs avec les Noirs ». Si ces niaiseries «savantes» retiennent l'attention, c'est dans la mesure où elles ont joué un rôle dans la détermination de l'identité des Africains. « Le climat intellectuel et psychologique créé par tous les écrits de ce genre avait fortement conditionné les premières définitions que les penseurs négro-africains d'entre les deux guerres mondiales ont essayé de donner de leur culture[8]. »

L'historien situe ici le « lieu idéologique » des écrivains de la négritude qui se plongent dans les études des ethnologues et se passionnent pour Frobénius ou Delafosse dispensant aux jeunes étudiants noirs des enseignements qui ne sont pas au programme. Ils s'alimentent aussi dans les écuries philosophiques où l'Afrique apparaît comme la terre primordiale de l'émotivité, en marge de toute forme de rationalité véritable. « Les poètes de la négritude » n'avaient pas à l'époque les moyens scientifiques de réfuter ou de remettre en question de pareilles erreurs. La vérité scientifique était devenue depuis si longtemps blanche que, les écrits de Lévy-Bruhl aidant, toutes ces affirmations faites sous couleurs scientifiques devaient être acceptées comme telles par nos peuples soumis. La « négritude » accepte donc cette prétendue infériorité et l'assume crânement à la face du monde. Césaire s'écrie : «Ceux qui n'ont exploré ni les mers ni le ciel» et Senghor : «L'émotion est nègre et la raison est hellène[9]. »

Une relecture des historiens, des savants et des penseurs de l'Antiquité qui mettent en évidence le rôle de l'Afrique dans l'initiation du monde méditerranéen à la civilisation, permettra à Ch. A. Diop de fonder valablement les prétentions des intellectuels noirs d'entre les deux guerres mondiales. Ce qui le préoccupe en profondeur, c'est de proposer à cette génération de « littéraires » une « approche scientifique rigoureuse[10] » à laquelle il faut désormais soumettre les réalités du monde noir. Il ne s'agit pas seulement de procéder à une sorte d'« indigénisation » de la vérité scientifique mais *d'aboutir à une véritable émancipation de la raison elle-même qui doit, en Afrique noire, comme le voulait Kant à l'époque des Lumières, oser juger par elle-même en se libérant de toute forme de tutelle afin de sortir de l'état de minorité intellectuelle.* Au milieu d'une génération de poètes et d'écrivains qui n'hésitent pas à reprendre, sans examen, des affirmations dénuées de tout fondement, Ch. A. Diop représente un groupe « d'hommes pouvant juger d'eux-mêmes, sans l'apport intellectuel d'autrui, de leurs choses propres ».

Sur ces longs chemins de liberté où des obstacles sont considérables, l'homme de science se donne « la peine de critiquer cette constellation d'erreurs » reproduites d'une génération à l'autre par une tradition intellectuelle dont Hegel est le grand témoin si l'on veut prendre en compte la totalité des textes du philosophe sur le monde noir[11]. Ch. A. Diop a sans cesse devant lui une sorte de globe intellectuel qui appartient à un héritage culturel et idéologique. Dans cet espace respire un homme comme Marx qui se saisit pourtant de l'arme de la critique pour démasquer les mécanismes et les appareils de fonctionnement de la société mise en place par l'essor du capitalisme.

Comment prendre au sérieux les sociétés où le travail n'est pas une marchandise qui se vend et s'achète ? Quel type d'analyse développer à l'intérieur d'un champ social où la lutte des classes n'est pas le moteur de l'histoire ? A la limite, comment articuler les rapports entre la nature et la culture en dehors d'une société marchande ? Certes, le marxisme, avec Engels, dans *Les origines de la famille, de la propriété privée et de l'État,* s'inspirant de l'ethnologie élémentaire de l'Américain Morgan, tente de jeter les fondements d'une anthropologie susceptible de féconder les études sur la parenté en milieu africain. Mais, à la lumière des énoncés qui conscrivent le champ de l'économie marchande, réalisation historique de la division du travail social, dont le mode de production capitaliste est une des effectuations qui s'est historiquement imposée, les sociétés africaines risquent de n'apparaître que comme les ancêtres naturels des sociétés occidentales, selon le modèle de l'évolutionnisme qui traverse la pensée du XIXe siècle. Marx n'échappe pas à l'ethnocentrisme qui juge les sociétés non-occidentales selon les normes européennes. Si l'auteur du *Capital* s'intéresse à l'Inde, il abandonne les «sociétés primitives» pour se consacrer à des questions plus sérieuses posées par les sociétés dynamiques affrontées au drame de la civilisation et de l'histoire à partir du travail aliéné.

En Occident, il arrive difficilement aux hommes de réflexion de rompre avec les représentations que les mentalités populaires se font des Africains. C'est ce que révèle l'image du Noir dans le Dictionnaire universel français et latin, vulgairement appelé Dictionnaire de Trévoux (1771). En plein siècle dit des Lumières, cette image, reprenant un passage de la Bible, fait descendre les Africains de Cham, immigré sur le continent « depuis des temps immémoriaux ». De la malédiction de Cham au « bon sauvage »[12] le thème est constant à travers l'histoire intellectuelle de l'Occident. Il met en lumière un mode de relation où le regard sur autrui tend le miroir à soi, pour démasquer cette violence qui semble inhérente à l'Occident dans son rapport à l'Afrique depuis la traite et la colonisation auxquelles il faut bien donner des justifications d'allure scientifique. Le regard de l'autre n'est pas innocent.

Au siècle des Lumières, l'anthropologie qui se constitue n'est-elle pas fille de l'impérialisme[13] ? A l'époque coloniale, l'ethnologie s'inscrit dans une structure idéologique, politique, économique ou militaire imposée par l'Occident. En se fermant les yeux sur cette structure qui la rend possible, elle relève de l'idéologie coloniale et de l'ensemble d'une configuration qui conditionne son propre développement. Ce qui est ici en cause, c'est le rôle et la valeur de la connaissance dans la mesure où les discours qui se prétendent scientifiques sont intégrés à une idéologie à partir de laquelle ces discours sont pour les Occidentaux leur façon de confirmer leur suprématie sur le reste de l'humanité. Nul n'ignore la fonction de légitimation jouée par la théorie de la mentalité primitive[14].

Devant cette situation, pour Ch. A. Diop, le problème qui se pose n'est plus simplement de penser la différence comme les sciences humaines se proposent de le faire depuis Rousseau[15]. Il faut en finir avec un regard où le discours sur l'Autre n'a cessé, à travers une génération de philosophes et de savants, de s'imposer comme le discours du maître. Ce discours doit être « soupçonné » dans la mesure où il dissimule une volonté de domination et annexe le savoir à un projet hégémonique. Dans cette confrontation radicale, c'est la vérité qui est en cause. Faire la lumière sur la nuit noire des peuples d'Afrique, telle est la tâche de Ch. A. Diop.

NOTES

(1) Voir F. Fanon, *Les Damnés de la terre,* Préface de J.P. Sartre, Maspero, 1961, p. 9.

(2) Sur cette question, lire Ph. D. Curtin, *The Image of Africa : British Ideas and Action, 1780-1850,* Londres 1965.

(3) Cf. *L'Afrique noire précoloniale,* Présence Africaine, Paris, 1960, p. 1.

(4) *Nations nègres et culture,* t. I, Présence Africaine, 1979, p. 24.

(5) *Idem,* p. 5.

(6) *Antériorité des civilisations nègres : Mythe ou Vérité historique,* Présence Africaine, 1967, p. 9.

(7) Voir R. Bezombes, *L'exotisme dans l'art et la pensée,* Elsevier, Paris, 1953.

(8) *Civilisation ou Barbarie ?* 1981, p. 277.

(9) *Idem,* p. 279.

(10) *Ibid,* p. 279.

(11) Voir Hegel, *La raison dans l'histoire,* 10/18, pp. 245-249.

(12) Lire W.B. Cohen, *Français et Africains. Les noirs dans le regard des Blancs 1530-1880,* Gallimard, Paris, 1980.

(13) Sur ce sujet, cf. G. Leclerc, *Anthropologie et Colonialisme,* A. Fayard, Paris, 1972 ; lire aussi M. Duchet, *Le partage des savoirs,* La Découverte, 1985 ; sous la direction de J. Copans, *Anthropologie et Impérialisme,* Maspero, 1975.

(14) Voir J. Bonjou, *Une image ethnologique. La mentalité primitive,* IUD, 1982.

(15) C. Levi-Strauss, « J.-J. Rousseau fondateur des sciences de l'homme », dans *J.-J. Rousseau,* Neuchatel, éd. de la Baconnière 1962 ; lire aussi les textes réunis et présentés par J.L. Amselle, *Le Sauvage à la mode,* Le Sycomore, 1979.

qui, « ayant discuté les systèmes des Anciens et des Modernes, a choisi et enseigné ce qu'ils ont de meilleur ». Amo révèle ainsi, à l'époque de l'Encyclopédie, la part non négligeable prise par un Noir dans le vaste mouvement des idées du Siècle des lumières.

Seulement, comme le remarque Paulin Houtoundji, le philosophe achanti reste solidaire du débat européen auquel son propre peuple ne participe pas[2]. Ecrite pour l'essentiel en latin, son œuvre n'est pas destinée à sa société d'origine où il n'a pas réussi à créer une véritable tradition théorique. En tant que philosophe, Amo reste aussi isolé que l'Africain Edward W. Blyden, le penseur vigoureux des rapports entre le christianisme, l'islam et la race nègre. Qui a pris au sérieux la voix de ce philosophe solitaire qui, en 1888, soulignait déjà l'énergie des musulmans « noirs » et leur potentialité novatrice dans un contexte mental où les maîtres à penser de l'Occident accordaient peu de crédit sociologique à l'islam au sud du Sahara[3] ? Ch. A. Diop appartient incontestablement à cette lignée des penseurs et des savants noirs qui jalonnent l'histoire africaine.

Le motif de sa recherche est clair : réhabiliter les nations nègres et leurs cultures. C'est la tâche que s'était donnée l'Abbé Grégoire au XIXe siècle, en recensant « la vie et les ouvrages des nègres qui se sont distingués dans les sciences, les lettres et les arts ». Mais pour Ch. A. Diop, il ne s'agit plus d'établir un catalogue des Noirs illustres pour affirmer l'existence de « leurs facultés intellectuelles, leurs qualités morales et leur littérature ». La question qui constitue un défi scientifique de taille est désormais plus radicale et globale : il s'agit de regarder autrement le monde de la science et de la culture. A la limite, la tâche qui s'impose depuis l'avènement de l'Afrique noire est de *récrire l'histoire de l'humanité. Cette tâche doit être assumée pour mettre en lumière la participation des Noirs à l'aventure de la raison qui est fille du temps et de l'histoire.* Tel est l'enjeu fondamental de la vie et de l'œuvre de Ch. A. Diop.

Le problème de l'histoire africaine fera l'objet d'une étude ultérieure. Il faut l'inscrire ici parmi les questions qui sont au centre de l'œuvre de Ch. A. Diop. Ce que l'on peut indiquer, dès maintenant, c'est la dimension anthropologique de l'histoire qui semble aujourd'hui aller de soi. C'est dans le « territoire de l'historien » que l'Afrique est longtemps apparue comme un peuple en marge de la science et de la culture. Il faut investir ce territoire pour ressaisir le devenir d'un continent à travers l'espace et le temps. Le souci de l'unité africaine ne s'exprime pas seulement dans les prises de position du politique. Toute l'œuvre historique, sociologique, linguistique et ethnographique de Ch. A. Diop est comme sous-tendue et soutenue par cette pensée. On la retrouve à travers les thèmes de sa recherche : origine commune égyptienne des peuples noirs, unité socio-culturelle d'une société matriarcale, histoire des grands empires soudanais. A partir de ces préoccupations, Ch. A. Diop débouche naturellement sur les problèmes politiques. Cet homme de science n'est pas enfermé dans son laboratoire ; il refuse de se tenir au-dessus de la mêlée. *Ch. A. Diop est l'intellectuel africain aux «mains sales».*

Il a participé sa vie durant au combat de l'homme pour l'homme. C'est pourquoi, au milieu des désillusions et des désenchantements qui résultent des lendemains de l'indépendance, il reste travaillé par l'avenir du «continent noir». Ch. A. Diop n'est tourné vers le passé que parce que l'avenir de l'homme africain est sa préoccupation fondamentale. Pour lui, l'avenir de l'Afrique doit être marqué du sceau de l'unité. Celle-ci doit être la base du fédéralisme qui est l'utopie que Ch. A. Diop propose aux sociétés africaines qui veulent sortir des structures d'une Afrique bloquée.

Aussi la « culture nègre » est-elle le champ privilégié du problème de l'histoire dans la stratégie scientifique de Ch. A. Diop. Au moment où le couple tradition/modernité oriente les recherches africanistes, l'axe culture/histoire oriente la démarche du chercheur africain. L'origine nègre de l'humanité et de la civilisation demeure le centre de gravité de son effort scientifique. Pour l'auteur de *Nations nègres et culture,* il s'agit de revenir au thème de la culture pour comprendre les dynamismes historiques où les Noirs ont joué un rôle fondateur. En définitive, c'est l'importance historique des sociétés africaines qu'il s'agit de démontrer. Comme le rappelle bien J. Fonkoué, « les travaux de Diop constituent une vaste entreprise de reconstitution et de restitution de la culture en même temps que de l'histoire africaine[4] ». En se penchant sur son passé, le chercheur se retrouve à travers un répertoire de faits culturels où il reconnaît son visage dans les traits de l'Egypte ancienne. La vérité historique se fait jour dans cette identification ou cette « Antériorité des civilisations nègres » dans l'Egypte antique. La thèse de l'« origine nègre de l'Egypte ancienne » fonde toute possibilité de l'histoire de l'Afrique. Cette histoire s'écrit dans la dynamique d'une culture où l'on voit les « Nations nègres » jouer un rôle « civilisateur » dans les mondes environnants. On doit reconsidérer les « préjugés » et les jugements a priori des historiens et des anthropologues qui, en faisant l'économie de l'inventaire de la culture matérielle, de l'écriture et de la langue, de l'art ou des institutions sociales, politiques et religieuses, reproduisent la légende des peuples sans histoire. Il faut donc renoncer à toute approche statique des sociétés africaines.

Dans *Nations nègres et culture, Ch. A. Diop apporte une autre écriture de l'histoire.* En démontrant que les habitants de l'Egypte pharaonique étaient des Noirs, il oblige à faire la vérité sur ce que l'humanité doit à la race nègre dans le domaine de la civilisation. Pour Ch. A. Diop, l'objectif d'une histoire écrite par les Africains est clair : « Le Nègre doit être capable de ressaisir la continuité de son passé historique national, de tirer de celui-ci le bénéfice moral nécessaire pour reconquérir sa place dans le monde civilisé[5]. »

Dans cette quête des origines qui polarise la vie de Ch. A. Diop, il s'agit donc de rendre à l'Africain son histoire confisquée par ses maîtres européens. Dans cette ligne de recherche, la linguistique devient l'un des terrains de combat du chercheur africain. Après avoir apporté « les différents faits prouvant l'origine nègre de la race égyptienne », Ch. A. Diop s'étend longuement sur la parenté de l'égyptien et des langues négro-africaines et détruit le mythe de l'infériorité intellectuelle des Noirs en mettant en œuvre l'aptitude des langues indigènes à traduire les concepts les plus abstraits. La traduction de la théorie de la relativité en wolof permet à Ch. A. Diop de s'attaquer aux thèses généralement admises qui font des langues africaines des langues dites « à classes[6] ». L'un des problèmes qui lui tient le plus à cœur restera, toute sa vie, l'utilisation des langues africaines dont la prétendue pauvreté ne repose sur aucun fondement scientifique.

Une des préoccupations majeures de Ch. A. Diop est de procéder à une meilleure compréhension du monde africain. S'il applique les méthodes des sciences exactes à l'étude du passé nègre, il examine en profondeur les structures de l'Afrique noire pré-coloniale. En se penchant sur l'histoire des grands royaumes soudanais du Moyen Age, il s'interroge sur les raisons de la stagnation des peuples dont l'apport à la pensée humaine n'est plus à démontrer. Pour Ch. A. Diop, en effet, la ponction démographique résultant de la traite des esclaves ne suffit pas à rendre compte du retard africain dans le domaine technique. Ce que révèle une analyse critique des structures sociales de *l'Afrique noire pré-coloniale,* c'est que l'Afrique d'avant la conquête européenne n'a pas évolué faute de bouleversements sociaux.

Cela ne veut nullement dire que la société africaine traditionnelle soit une société harmonieuse et sans problèmes. Ch. A. Diop reconnaît l'existence des classes dans cette sosociété. Dans *Nations nègres et culture,* il écrit :

> « La société africaine est une société stratifiée en castes ; celles-ci résultent d'une division du travail à l'époque précoloniale. Par la suite, du morcellement politique : à cette époque, la fonction militaire était celle qui comportait le plus de risques ; elle garantissait la sécurité collective. Aussi, les guerriers sont-ils devenus rapidement une classe sociale de nobles détenant le pouvoir, la force et la considération. Toute autre forme de travail était avilissante pour eux : ne pouvaient et ne devaient travailler que les hommes de castes, c'est-à-dire ceux qui pratiquaient les différents métiers du temps : cordonnerie, orfèvrerie, métallurgie (forgeron), tissage, etc. La caste n'est autre chose qu'une profession avec l'ensemble des avantages et des inconvénients que comporte son exercice[7]. »

Dans un tel système, des conflits sont inévitables. Mais, compte tenu de l'originalité des structures sociales, la rupture de l'équilibre social reste difficile. Personne ne voulait faire la révolution parce que personne ne voulait changer de condition et non pas parce qu'il n'y avait pas de conditions différentes. Seulement, la « structure économique de cette société pré-industrielle ne le permettait pas ». Plus que l'inexistence des classes sociales, « le système des castes semble donc expliquer l'immobilité apparente des sociétés nègres depuis l'origine des temps[8] ».

En fait, « la stabilité interne du système de caste était due essentiellement à l'équilibre parfait entre les avantages et les inconvénients impliqués par l'appartenance à une caste ». Si le progrès est synonyme de révolution comme le croit l'historien sénégalais, *les révolutions ont épargné l'Afrique parce que les différentes couches sociales y jouissaient d'un sort supportable, y compris les plus défavorisées comme les esclaves.* Cheikh Anta Diop remarque qu'en Afrique pré-coloniale toutes les castes étaient associées au pouvoir jusqu'à celle des esclaves.

Ainsi, l'Afrique n'a pas connu le même système de classes qui, ailleurs, est à l'origine des bouleversements sociaux. Dans cette perspective, l'analyse des structures politico-sociales permet d'apprécier les facteurs de stabilité dans la société africaine. Par là, s'expliquent aussi les retards techniques à partir de causes fondamentales objectives. La question est de taille. Ch. A. Diop ne peut admettre, comme historien, la thèse de l'émotivité du nègre. Tout donne à penser, comme on le verra, que la raison est nègre, si l'on veut bien relire l'histoire de l'humanité. Mais il faut bien se rendre compte d'une sorte de discontinuité dans l'histoire africaine. C'est cette situation qui doit être expliquée. Pour le faire, il n'est pas nécessaire de s'en référer à une essence nègre qui serait inapte à la technique ou à la science. Pour Ch. A. Diop, il n'est pas exact que les Noirs sont « ceux qui n'ont rien inventé ». Ce qui est troublant, c'est leur retard technique, en dépit de leurs origines glorieuses. Nous sommes donc loin de tout narcissisme et de tout culte de la différence.

En réalité, dit Ch. A. Diop, « il n'y a plus lieu d'être gêné » lorsqu'on constate que l'Afrique et l'Europe ont suivi une évolution différente dans la mesure où elles sont structurées différemment. La stagnation, ou, si l'on préfère, l'équilibre relativement stable des sociétés africaines pré-coloniales doit être attribué à des modes d'organisation spécifiques. C'est pourquoi, après l'étude des classes dans l'Afrique d'avant la colonisation, Ch. A. Diop s'attache à l'analyse comparée des structures fondamentales qui distinguent les sociétés africaines et européennes. Il lui est apparu que « le système d'organisation sociale qu'est celui des castes assure plus de permanence et d'équilibre à une société que le système de classes créé par les Aryens à Rome et en Grèce[9] ».

Pour approfondir l'analyse de ces systèmes différenciés, il faut revenir au problème fondamental de la parenté qui a longtemps préoccupé les anthropologues. Ch. A. Diop s'engage sur ce terrain dans *L'unité culturelle de l'Afrique* dont le sous-titre est *« Domaines du patriarcat et du matriarcat dans l'Antiquité classique. »*

Il s'agit d'une étude centrale de deux types de sociétés, l'une propre à l'Afrique et l'autre au monde européen dont les structures s'opposent sur une série de points à partir, précisément, de la différence fondamentale entre le système matriarcal africain et le système patriarcal européen. Ch. A. Diop résume ainsi les traits caractéristiques des deux sociétés définies par leurs autonomies :

> « En conclusion, le berceau méridonial, confiné au continent africain en particulier, est caractérisé par la famille matriarcale, la création de l'État territorial, par opposition à l'État-Cité aryen, l'émancipation de la femme dans la vie domestique (...), une sorte de collectivisme social ayant comme corollaire la quiétude allant jusqu'à l'insouciance du lendemain, une solidarité matérielle de droit pour chaque individu, qui fait que la misère matérielle ou morale est inconnue jusqu'à nos jours ; il y a de grandes gens pauvres, mais personne ne se sent seul, personne n'est angoissé (...). Le berceau nordique confiné à la Grèce et à Rome est caractérisé par la famille patriarcale, par l'État-Cité (...), pour l'existence (...), sont l'apanage de ce berceau. »

Entre ces berceaux, existent des zones de confluences, notamment l'Arabie, la Phénicie et la Mésopotamie où, selon Ch. A. Diop, s'est infiltré le sang nègre[10]. On reste étonné devant l'étendue des connaissances d'un homme qui ne cesse de multiplier ses prises de vue pour appréhender des phénomènes où plusieurs facteurs entrent en ligne de compte. Ch. A. Diop ne s'enferme nullement sur une Afrique isolée du reste de l'humanité ; il élargit toujours son champ de vision, étudie les connexions et les différences. Il dégage la pertinence des phénomènes africains à partir d'une analyse globale de la réalité humaine ressaisie dans son unité et sa diversité. Aussi *sommes-nous en présence d'une véritable encyclopédie vivante qui nous renseigne sur l'état des connaissances de l'Afrique et du monde européen.*

On retrouve ici un aspect du génie de Ch. A. Diop. Il y a chez cet homme une véritable rencontre d'aptitudes. Et chacun de ses livres est le fruit d'un effort original. Il s'agit toujours de parvenir à plus de clarté sur les problèmes de l'histoire et de la société africaines. Aussi, Ch. A. Diop n'hésite pas à revenir sur les sujets traités, pour essayer de mieux préciser sa pensée comme on le voit dans *Antériorité des civilisations nègres : mythe ou vérité historique,* où il approfondit ses précédents ouvrages. *Civilisation ou barbarie* est une relecture de ses publications à partir de l'idée d'une Egypte nègre élevée « au niveau d'un concept scientifique opératoire ».

Depuis sa thèse sur *Nations nègres et culture,* Ch. A. Diop s'est imposé un véritable plan de recherche. A partir d'un sujet qui lui colle à la peau, il vit une question centrale autour de laquelle il élabore une problématique fondamentale qui oriente toute ses analyses et tous ses écrits. Les débats que ses travaux soulèvent lui permettent de reprendre ses hypothèses et de les soumettre sans cesse à l'épreuve des faits. Ainsi, il regroupe « un certain nombre de faits et preuves, débarrassés de multiples détails qui ont parfois empêché le lecteur de *Nations nègres et culture* de saisir leur relief. Tous ces faits, cela va de soi, ont été réévalués en tenant compte, dans la mesure du possible, des travaux publiés depuis[11] ». Cette entreprise ne se justifie pas pour les seuls besoins de clarté et d'exactitude. Si le chercheur ne cesse de réfléchir, de brasser dans sa tête des questions, les zones d'ignorance et les certitudes, c'est parce qu'il sait sur quel terrain il doit concentrer son effort intellectuel ; il a découvert des matériaux ; il construit les hypothèses qui sont à vérifier à chaque étape de son itinéraire scientifique.

Dans un contexte où, « pour dominer un peuple, il faut détruire sa culture[12] », le plan de recherche établi par Ch. A. Diop doit répondre à un objectif prioritaire : le rôle joué par les Noirs dans l'histoire. A partir de là, tout rapport avec les autres peuples est possible :

> « Car la plénitude culturelle ne peut que rendre un peuple plus apte à contribuer au progrès général de l'humanité et à se rapprocher des autres peuples en connaissance de cause. Elle n'entraverait que le faux progrès qui s'accomplirait par

l'étouffement et l'élimination des valeurs culturelles de la majorité des peuples au profit de quelques-uns. »

On comprend l'obstination du chercheur à éclairer sans cesse le passé de l'Afrique. Sans doute, Ch. A. Diop ne veut nullement enfermer les Africains dans la contemplation des pyramides de l'Egypte nègre.

On a vu qu'il s'interroge sur les raisons du retard des peuples qui n'ont nullement brillé par leur absence dans l'histoire de la science et de la technique. Il est loin d'être indifférent au problème des changements en Afrique. L'étude de ce problème « est importante, au moment où la société africaine va entrer dans la phase des véritables luttes de classe au sens moderne du terme ». En effet, le processus d'accumulation, de confiscation des richesses est très avancé ; celles-ci, dans une répartition inégale, sont passées des mains des anciens colons à celles des nouvelles bourgeoisies africaines qui, pour le moment, investissent dans les secteurs parasitaires : bâtiments. Mais la première grève d'ouvriers africains contre un patron d'usine africain marquera le début de la nouvelle ère de luttes des classes. Si ces perspectives intéressent le sociologue, la nécessité de développer les langues nationales préoccupe l'homme de culture. La question des langues africaines revient sans cesse dans l'œuvre de Ch. A. Diop. Elle ne relève nullement d'une obsession du passé. Il s'agit ici d'un héritage de la culture qui ne peut devenir un objet de musée des antiquités africaines.

Un problème de méthode

Dans les territoires et les sites où les anthropologues découvrent un étrange paradis, poursuivant chacun, un dialogue intemporel avec sa petite tribu, Ch. A. Diop rencontre une histoire de la culture où les « Nations nègres » se constituent à partir de leur berceau égyptien. Cet événement situe dans une nouvelle perspective les mythes et les symboles, les techniques et les croyances, les institutions et les systèmes de parenté où l'on avait cru retrouver le langage des « sociétés archaïques » dans le processus des études nées dans la foulée des conquérants et des colonisateurs européens. A partir de « l'argument culturel », le chercheur indigène ressaisit l'Afrique dans l'espace et le temps, compte tenu de la continuité historique qui relie les peuples du continent à leur origine. Si Ch. A. Diop ne parle pas, comme Baumann et Westermann, de « peuples et civilisations » qui se déploient à travers des « cercles » ou des « foyers », il insiste sur la culture-mère des civilisations africaines à partir du delta du Nil. Dès lors, « la communauté de culture, d'histoire, de psychisme ne fait aucun doute[13] », si l'on veut bien admettre l'origine nègre de l'Egypte pharaonique. « L'unité culturelle de l'Afrique noire » s'impose dans une nouvelle vision des réalités du continent.

Cette orientation met en question l'image d'un autre monde forgée par l'Europe qui n'avait longtemps perçu ici que des mœurs sauvages, un esprit dégradé, des peuples sans écriture et sans archives, échappant, de ce fait, à l'histoire sous toutes ses formes. Les hommes qu'on avait appelés sauvages étaient l'objet propre des ethnologues selon un partage des savoirs imposé par les dogmes de l'évolutionnisme dans un contexte où l'existence d'une science consacrée exclusivement à l'étude des cultures non occidentales reflétait le sentiment de supériorité de l'Europe capitaliste. A travers l'image que Ch. A. Diop donne de l'Afrique, il faut restructurer l'espace de la connaissance de l'homme et de la culture.

En effet, l'Afrique ne se trouve pas du côté de la *nature* où l'avaient rejetée les maîtres à penser de l'Occident. Elle se situe à l'avant-garde du progrès de l'esprit humain. Dès lors, l'on doit renoncer à en faire l'objet de la seule ethnologie qui se bornerait ici à étudier les hommes des « premiers temps » de l'humanité à partir de leurs systèmes de parenté, de leurs croyances, de leurs mythes ou de leur mentalité. Le chercheur indigène prend le risque de promouvoir les réalités africaines à la dignité des objets des sciences historiques. A la limite, il convient d'élargir le champ du savoir et d'intégrer les dynamismes internes des sociétés africaines à l'analyse de l'homme et de la culture.

L'immobilisme de ces sociétés n'est qu'apparent. Si l'on tient compte de la spécificité des systèmes des castes pour faire ressortir la différence de structure sociale qui existe entre l'Europe et l'Afrique, on s'aperçoit que les sociétés africaines ne sont pas à l'abri des tensions et des contradictions. On y trouve des éléments dynamiques et révolutionnaires. Seulement, les particularités des structures politiques et sociales africaines rendent compte des mouvements historiques. Dès lors, rechercher le moteur de l'histoire revient à trouver les catégories sociales qui ne se résignent pas à leur sort, parce « qu'exploitées sans compensation ». Dans l'état des structures sociales et politiques de l'Afrique, cela est assez rare. Car les esclaves sont associés au pouvoir, non de manière symbolique ou factice, mais sur une base très large. Ainsi « la société doit sa cohésion à la sauvegarde des intérêts matériels de la classe laborieuse ». C'est à ce niveau que les contradictions internes de la société peuvent être résolues.

La notion d'« aliénés sans compensation » ouvre la voie à une analyse qui empêche de se fermer les yeux sur les contradictions et les conflits latents dans chaque groupe humain. Il faut donc rompre avec une approche statique des sociétés indigènes. Le chercheur africain pousse l'audace en annexant ces sociétés au terrain où s'exerce le métier de sociologue, en rupture avec une tradition qui remonte à la colonisation où les ouvrages sur les non-Civilisés ont été souvent les bréviaires des administrateurs et des missionnaires commc le rappellent les livres de Lévy-Bruhl.

Ici se pose un problème de méthode : *comment procéder à l'étude des populations et des sociétés qui étaient jusque-là le monopole de l'ethnologie ?* Dès 1963, Ch. A. Diop cerne ce problème et souligne la nécessité d'un travail de terrain adapté au contexte socio-culturel.

> « L'enquête sur le terrain aura d'autant plus d'importance et devra requérir d'autant plus de soin que les documents bibliographiques et les archives concernant les sociétés africaines sont rares ou inexistants. Il y a souvent absence de données de base précieuses pour l'étude démographique (statistiques de la vie, de la fécondité, des mouvements de population), d'ordre économique et historique et même de registres d'état-civil. Tout renseignement précieux pour la recherche sociologique et dont l'examen constitue une phase préparatoire importante dans l'étude des sociétés occidentales mais qui, dans les sociétés africaines, sans écriture et promues seulement à une époque récente à être l'objet de recherche précise, font défaut. On voit alors l'importance du travail sur le terrain, quel doit être son approfondissement et sa précision[14]. »

Dans un environnement complexe, souvent caractérisé par la multiplicité des langues, une équipe d'informateurs « qui peuvent aussi être traducteurs » s'avère nécessaire.

> « Il faut s'assurer que "l'informateur" appartient au groupe considéré et déterminer l'emboîtement des différents sous-groupes dont il fait partie. Ceci posé, il sera opportun de le considérer comme représentant du groupe le plus restreint possible auquel il appartient et de le relier à tous les autres. Cette mise en garde à l'adresse de l'ethnographie intéresse aussi le sociologue travaillant en Afrique par suite de tous les les particularismes que nous avons mentionnés[15]. »

Une politique de recherche impose une nécessaire collaboration. Cet effort ne peut échapper en Afrique à une réévaluation des concepts et des outils d'analyse élaborés ailleurs pour rendre compte des sociétés ethnologisées. Dans sa pratique scientifique, l'historien indigène a dû rompre avec les schémas commodes et bousculer des certitudes établies. Dans cette aventure, si l'Afrique reste le seul objet de sa recherche, elle exige une pluralité d'approches qui tentent d'en donner une vision cohérente.

Pour saisir son objet d'étude dans toute sa complexité, Ch. A. Diop fait appel à plusieurs disciplines de recherche. Ainsi il apporte à l'archéologie un nouvel approfondissement. De même, l'ethnologie prend racine au cœur des travaux de l'historien. La référence constante aux traits culturels impose le recours à l'anthropologie. D'où l'intérêt des pages que Ch. A. Diop consacre au matriarcat, au totémisme, à la royauté et à l'organisation sociale et politique. Il intervient dans le débat sur les États « à mode de production asiatique » et esquisse une sociologie des révolutions à partir des particularités des structures sociales et politiques en Afrique noire. Enfin, grâce à l'apport de l'égyptologue, la linguistique devient un outil indispensable à la connaissance de l'Afrique et de son histoire. Il est difficile de comprendre les sociétés que l'on étudie sans en connaître les langues.

Pour travailler sur l'Egypte ancienne, Ch. A. Diop a dû apprendre à déchiffrer les textes hiéroglyphes. Cela lui permettra de découvrir que les Égyptiens se comportent et se considèrent comme les autres Noirs d'Afrique. On est impressionné par la force d'érudition du chercheur sénégalais. Dans chacun des domaines où s'oriente sa recherche,

Ch. A. Diop fait œuvre de pionnier. Il ouvre des perspectives qui exigent le dépassement des clôtures institutionnelles et une véritable confrontation des disciplines. Spécialisé dans le domaine quantique et nucléaire, ce physicien reste un maître en sciences sociales et humaines. Il met toutes ces ressources en œuvre pour restaurer la dignité des peuples noirs.

En vérité, *le chercheur noir interroge l'histoire de l'humanité à partir d'une Afrique humiliée et en quête de liberté.* Pour l'historien, l'Afrique est cette vieille terre où l'humanité est traitée avec mépris depuis plusieurs siècles. N'appartient-il pas à la génération des intellectuels africains qui, avec le groupe de *Présence africaine* animé par Alioune Diop, vont convoquer en 1956 à la Sorbonne *le premier congrès des écrivains et artistes noirs* qui est apparu comme le « Bandoung de la culture noire » ? Or *Nations nègres et culture* a été publié à la veille de cet événement. Cet ouvrage ne cessera de féconder la réflexion de nombreux penseurs et chercheurs africains comme le rappellent les travaux de Théophile Obenga.

La culture et l'histoire, les langues nationales, l'État et les problèmes du pouvoir : ces thèmes autour desquels s'articulent la vie et l'œuvre de Ch. A. Diop sont le lieu d'un combat inachevé tant que ne sont pas créées les conditions qui libèrent l'homme en Afrique et lui permettent de vivre dans la dignité. L'approfondissement de ces thèmes peut aider à saisir l'enjeu actuel de la pensée de Ch. A. Diop.

NOTES

(1) Voir *Cameroun Tribune*, 12 février 1986.

(2) P.J. Houtondji, *Sur la « philosophie africaine »*, Maspero, 1977, p. 139 ss.

(3) Cf. « La question islamique en Afrique Noire », *Politique africaine*, nº 4, 1981.

(4) J. Fonkoué, *Différence et identité. Les sociologues africains face à la sociologie*, Silex, 1985, p. 31.

(5) *Nations nègres et culture.*

(6) *Op. cit.*, p. 231 ss.

(7) *Op. cit.*, t. II, p. 543.

(8) *Op. cit.*, p. 554, *l'Afrique Noire pré-coloniale*, pp. 9-12.

(9) *L'Unité culturelle de l'Afrique noire*, 1982, pp. 91-92.

(10) *Idem.*

(11) *Antériorité des civilisations nègres*, p. 9.

(12) *Nations nègres et culture.*

(13) *Idem*, p. 21.

(14) « *Sociologie africaine et méthodes de recherche* », *Présence africaine*, nº 48, 1963, pp. 182-183.

(15) *Idem*, p. 184.

III

La Raison est née chez les Noirs

Arracher l'Afrique aux mythes et aux caricatures des regards étrangers afin de la rendre à elle-même, comme sujet de connaissance : telle est la préoccupation majeure de Ch. A. Diop. Il faut souligner le caractère provocant de cette démarche qui conduit le chercheur à semer l'épouvante parmi les gardiens du temple en faisant de l'antériorité des civilisations africaines l'événement central de l'histoire de la culture humaine.

Le déclin des absolus

Si l'œuvre de Ch. A. Diop atteste la vie d'un Africain vouée à la recherche et à la réflexion, elle témoigne aussi d'une extraordinaire audace de l'esprit. Comme ces « cavaliers de l'absurde » qui partirent d'un si bon pas, cet homme va lever le voile sur des pans de nuit. Pourquoi, en fin de compte, cet historien fascine-t-il les uns et dérange-t-il les autres sinon parce que les résultats de ses travaux scientifiques questionnent les certitudes établies et annoncent le déclin des absolus occidentaux ? Ch. A. Diop fait scandale dès le choix de son sujet d'étude.

Que les premiers hommes découverts au cours des fouilles archéologiques soient des nègres est l'une des grandes affirmations de la science que Ch. A. Diop rappelle à l'attention de notre temps. Seulement, si un monceau de faits attestent « de façon authentique l'antériorité de l'humanité "négroïde", certains savants et chercheurs continuent à poser le problème de façon inattendue[1] ». Ce problème engage, en effet, de graves enjeux épistémologiques et historiques. *Reconnaître l'antériorité du fait nègre dans l'histoire de l'humanité, c'est situer le lieu d'émergence de la raison en Afrique.* Telle est « l'hérésie » majeure du chercheur africain. Ch. A. Diop s'emploie à déjouer ici les ruses des savants qui, au lieu de se soumettre à l'évidence des faits, continuent à chercher le Blanc là où les fouilles trouvent les traces du nègre dans l'histoire primitive de l'humanité.

> « Si l'on s'en tenait strictement aux données scientifiques et aux faits archéologiques (...), c'est le prototype de la race blanche qu'on chercherait en vain dans les tout premiers âges de l'humanité actuelle. Le nègre est à l'origine, il est même seul à exister pendant des millénaires et, jusqu'au seuil de l'époque historique, le savant lui tourne le dos[2]. »

Une nouvelle attitude scientifique à l'égard des données africaines s'impose si l'on veut procéder à une interprétation correcte des faits en évitant de dissoudre « la conscience collective historique africaine dans le menu fait de détails[3] ». Toute l'œuvre de Ch. A. Diop veut être une nouvelle mise en perspective des sciences humaines qui ont à connaître l'Afrique. Cette orientation doit partir de la haute vallée du Nil comme foyer de civilisation dans un contexte où s'épanouit la rationalité du nègre au sein d'une culture fondatrice dont le rayonnement atteste le rôle des Noirs dans l'histoire de la pensée.

Les travaux de Ch. A. Diop peuvent être lus comme un *effort de réinterprétation de l'ensemble culturel africain dans l'histoire des civilisations à partir de l'Egypte antique.* Ces travaux resituent les formes de production intellectuelles et culturelles, les signes, les aspects de la science et de la pensée, les mythes et la religion, l'art dans un contexte global où l'Occident doit réviser la conscience qu'il a de lui-même, compte tenu de ce que l'histoire nous apprend sur l'influence des nègres dans le monde méditerranéen. Il ne s'agit pas seulement ici de l'image que l'on s'est longtemps faite de l'Afrique ; ce qui risque de devenir caduc et désuet, c'est aussi le regard de l'Occident sur lui-même dans la mesure où il plonge dans une mythologie étrangère à la science.

Car Ch. A. Diop remet en cause une tradition théorique qui s'est imposée en Occident depuis de longs siècles. Les Européens avaient appris au reste des hommes qu'Athènes, Alexandrie ou Rome étaient les seuls centres de la civilisation antique. Au moment où Aristote fait irruption dans l'Occident médiéval où les universités viennent d'être fondées, la Grèce s'impose comme la référence fondamentale de la vie intellectuelle. Par-delà la chrétienté, l'homme de la Renaissance veut se réconcilier avec l'Antiquité grecque où, dès le VIe siècle avant notre ère, s'est opérée une sorte d'âge des Lumières qui, au XVIIIe siècle, va consacrer définitivement l'émancipation de la raison et la fin de la prépondérance théologienne. Tout au long de son histoire, l'Occident reste fasciné par les origines grecques de la pensée et de la science, de la technique et de la politique, de l'art et de la sagesse.

Que le siècle de Périclès soit celui au cours duquel s'est accompli le « miracle grec » est un lieu commun de l'enseignement des collèges, des lycées et des universités marqués par la centralisation héritée de l'époque napoléonienne[4]. Ici, l'humanité se réduit à l'espace-temps du monde grec où, par une sorte de génération spontanée, a surgi une civilisation brillante qui ne doit rien à aucun autre peuple de la terre. L'avènement de cette civilisation ne saurait donc se comprendre en fonction des traditions millénaires dont elle aurait été précédée et qui, par des emprunts divers, exerceraient sur elle une influence décisive. Bref, *c'est en Occident que s'ouvre l'aventure de la connaissance.* Tel est le « cours magistral » dispensé par Frédéric Hegel, cet ancien étudiant en théologie de Tübingen qui, après les études de droit et de philosophie, deviendra le grand maître à penser de l'Europe à l'époque du colonialisme triomphant. D'après Hegel, l'oiseau de Minerve ne prend son vol que le soir, une fois accompli le dur labeur de la civilisation.

Dans cette perspective, la Grèce doit être considérée comme la terre natale de la raison humaine. Sans doute, la Perse, l'Inde ou la Chine apparaissent sur le théâtre de l'histoire. Mais le bleu de la Méditerranée hante toujours les intelligences et les imaginations occidentales qui éprouvent une véritable répugnance à franchir les colonnes d'Hercule. Aussi, l'épicentre de l'histoire se trouve à Athènes où, dans le domaine de la pensée, tout commence avec Socrate considéré comme le patriarche des sages d'Occident. *Dans cette esquisse de l'histoire générale de la pensée, les Noirs apparaissent comme le passé de l'Européen, un peuple d'enfants qui en serait resté au premier matin du monde, enfermé dans l'immédiateté, le biologique et le vital, incapable d'évoluer et condamné à la répétition propre à l'univers du mythe.* Pour les esprits du XIXe siècle, l'Afrique est une « humanité » en bas âge, constituée d'attardés scolaires dans le concours général de la civilisation. Dès lors, si tout commence avec la Grèce, *l'Afrique n'est pas seulement la nuit de la raison, elle est un monde en marge de la raison et de l'histoire.* Pour Hegel que l'on présente comme l'Aristote des temps modernes et qui est, de fait, le penseur qui a le plus pesé sur les destinées européennes, les Africains sont les enfants de la nuit.

En effet, Hegel refuse d'accorder le certificat d'humanité à ces êtres qui habitent le « haut pays » du continent noir. Voici un monde étrange qui n'a jamais été, en lui-même, « le théâtre d'événements historiques », et qui, plongé dans l'inertie, s'endort, enveloppé dans la couleur noire de la nuit. « Pour le philosophe, l'homme africain, c'est l'homme à l'état brut, vivant dans un état d'inconscience de soi ». Il s'agit, en définitive, d'un « état animal[5] ». On retrouve ici l'écho des classes dominantes à l'ère du capitalisme et de son expansion hors des frontières de l'Europe. En un sens, la pensée européenne, de Gobineau à Lévy-Bruhl, n'est qu'un long commentaire de la parole du maître dont le système reflète la relation de l'Occident à l'autre à travers un mode de regard qui, marqué par des préjugés religieux, puis scientifiques, traduit la difficulté à concevoir la pluralité et l'égalité des civilisations. Ce regard a été longtemps pour les Occidentaux la façon de confirmer leur suprématie absolue sur le reste de l'humanité. Il faut situer l'œuvre de l'égyptologue sénégalais par rapport à tout un système du monde où *le regard de l'autre est l'un des instruments de l'impérialisme culturel plus insidieux encore que la violence coloniale.* Ch. A. Diop c'est l'anti-Hegel, le penseur noir qui conteste globalement les fondements d'un héritage intellectuel qui a légitimé la « Mission de l'homme blanc ».

La volonté d'en finir avec un certain nombre de mythes

élaborés par l'Occident pour masquer sa barbarie et justifier la domestication des peuples et des mentalités nègres a conduit Ch. A. Diop à s'oublier lui-même pour ne plus vivre qu'avec la seule obstination d'apporter plus de lumière là où des préjugés tenaces risquent d'enfermer les générations dans les ténèbres de l'ignorance. Ch. A. Diop est la raison intrépide et militante qui se lance à l'assaut des monstres enfantés par l'impérialisme. Le discours hégélien sur l'Afrique ne se nourrit-il pas, en dehors de quelques références à Hérodote, de la tradition intellectuelle des pays ayant des pratiques coloniales ? Dans ce contexte, si le rôle des noirs dans l'histoire de l'humanité et de la culture a été occulté, cela ne peut être attribué à la science mais aux mythes de l'Occident qui s'érige en détenteur exclusif de la vie de l'intelligence. Bref, ce que l'on prend pour de la « dialectique » n'est qu'une reprise des thèses des vieux colons ayant séjourné en Afrique où la recherche du profit immédiat ne laisse guère le temps de se consacrer à la vie de l'esprit.

On ne peut espérer aucun progrès dans la compréhension des réalités africaines tant que les Européens, imbus de leur supériorité, continuent d'afficher à l'égard des Noirs le plus profond mépris ; comme on le voit tout au long de l'histoire de la traite et de la colonisation, leurs jugements aussi catégoriques qu'entachés de préjugés trahissent leur impuissance à s'ouvrir à la différence, à une société autre dont ils n'essaient pas de dévoiler la face cachée, les formes officieuses et les structures latentes. Longtemps défigurée à travers le prisme déformant de la littérature exotique et coloniale qui crée des stéréotypes véhiculés par les manuels scolaires et la publicité[6], l'Afrique n'a cessé d'être ce grand inconnu, où l'on imagine parfois que le démon en déroute en Europe aurait trouvé refuge. Il a fallu qu'une bulle pontificale contraigne les Européens à admettre sur la table de l'humanité les peuples dont la découverte, dès le XVIe siècle, provoque une vraie crise de conscience. Ch. A. Diop sonne le glas d'une prétendue science de l'homme qui n'a pu se libérer des légendes inventées par les négriers et les théoriciens de la colonisation. Des doctes maîtres n'ont transmis que des fictions sur l'Afrique, affirmant que les Noirs ne sont qu'un simulacre d'humanité dont l'apport à l'aventure de l'esprit se réduirait à néant.

Car, constater que l'Egypte a précédé «le miracle grec», c'est annoncer le «crépuscule des idoles», dans la mesure où l'antériorité nègre de l'Egypte des pharaons implique une sorte de « détrônement » et de décentralisation intellectuelle. Exclure l'Afrique noire de la communauté de l'histoire universelle ne relève pas des sciences exactes mais de la science-fiction et des clichés accumulés qui laissent dans l'ombre les données objectives du phénomène humain. *Il faut donc dissiper les mirages scolaires qui dissimulent la réalité de la naissance de l'histoire et de la raison en terre africaine.* Pour l'historien et l'anthropologue africain, il ne suffit plus de rejeter la hiérarchie que la pensée occidentale avait contribué à établir entre les «civilisés» et les «sauvages», bons ou mauvais. Ce qui s'impose, c'est une révision ou, mieux, un renversement des valeurs et des perspectives pour rétablir la vérité. Ch. A. Diop s'engage dans ce « Combat pour l'histoire » pour remettre les nègres à la place que la Grèce a longtemps usurpée dans l'abrégé de l'histoire générale de l'humanité édifié par Hegel et ses disciples. *L'égyptologue africain oblige à rendre aux nègres la raison et l'histoire en projetant une nouvelle lumière sur les rapports entre l'Egypte et l'Afrique noire.* Nous sommes ici devant un tournant capital de la pensée moderne.

Durant les siècles, comme le montre l'exemple d'Hérodote et de Platon, les historiens et les sages de la Grèce n'ont cessé de se rendre en Egypte dont personne ne conteste les valeurs de civilisation. On se souvient que cette terre d'Afrique reçut l'un des plus grands réfugiés du monde, Jésus de Nazareth qui y passe une grande partie de son enfance, bien longtemps après Joseph et Moïse, ses prototypes dans la révélation biblique. Si l'Occident projette sur l'Afrique noire ses fantasmes par lesquels il retrouve sur cette terre les traits fondamentaux de l'homme sauvage, il ne cesse de vouer son admiration pour la civilisation qui a construit les pyramides. Dans une thèse audacieuse, Engelbert Mveng est revenu aux fondateurs de la pensée occidentale pour retrouver les *Sources grecques de l'histoire négro-africaine.* Ch. A. Diop va plus loin encore en unissant ce qu'à travers Hegel l'Occident avait séparé dans sa géographie du monde noir : le « haut pays » ou l'Afrique proprement dite et le bassin du Nil[7]. Ce qu'Hegel considère comme «une des plus belles et des plus riches contrées du monde » est, au regard de l'historien africain, le lieu par excellence où les habitants du « haut pays » retrouvent leurs véritables ancêtres. Ici se produit un « tremblement de terre » qui ébranle des dogmes canonisés. Dire que les bâtisseurs de l'Egypte ancienne sont des nègres authentiques, aussi vrais que les Bantous ou les Tirailleurs noirs, c'est faire preuve de « folie » aux yeux des sages d'Occident. Les thèses exprimées dans *Nations nègres et culture* constituent une sorte de scandale pour un esprit nourri de Hegel et d'une longue tradition intellectuelle. Voici l'événement qui heurte la conscience de l'Occident : *« la lumière n'est pas venue à l'Europe du seul Orient, comme on l'a cru pendant de longs siècles, elle vient du Sud, c'est-à-dire de l'Afrique, à partir de l'Egypte nègre qui est le berceau de la conscience humaine ».*

Racisme anti-raciste ? Fantasmagorie ? Mensonge, erreur monumentale ? Exagérations ? Autant d'attitudes qui traduisent les réactions de l'Europe savante face à un ouvrage fondamental qui a suscité l'un des grands débats de la science moderne. La thèse de Ch. A. Diop fut rejetée par les maîtres de vérité. J.S. Canale, pourtant peu suspect de complicité pour le colonialisme, n'hésite pas à écrire :

> « Si M. Cheikh Anta Diop raille avec raison tels "savants" européens qui, par préjugé raciste inavoué, ont voulu "blanchir" à tout prix l'Egypte antique, il tombe dans le même travers en voulant la "noircir" à tout prix et donner une origine "nègre" aux civilisations des Sumériens, des Carthaginois et... des Bretons[8]. »

On le voit : le fond du problème demeure ici le caractère nègre de la civilisation de l'Egypte antique. Les colonisateurs ont imposé aux Africains des ancêtres qui ne sont pas les leurs. *Ch. A. Diop réconcilie les noirs avec leurs origines réelles.* « L'homme de couleur, conclut l'auteur de *Nations nègres et culture,* loin d'être incapable de susciter la technique, est celui-là qui la suscita le premier en la personne du nègre. »

Scandaleuse vérité.

On voit s'esquisser une rupture avec les poètes de la négritude enfermés dans l'image de l'infériorité du Noir imposée par la colonisation. Les travaux de l'historien vont traquer cette image à tous les niveaux où elle se reproduit. Le premier coup porte sur cette géographie de l'intelligence qui, à partir de l'histoire occidentale, fait de l'Afrique « le continent de l'émotivité ».

> « L'Europe, par ses cathédrales, ses palais, ses cités et ses chaumières, est le musée de la mesure, de la raison, de l'ordre (...). L'Afrique par contre est le continent de l'émotivité, de la gaieté, de l'insouciance joyeuse, du rythme, de la forme, de la couleur et de la lumière. Tout le continent africain irradie cette émotivité créatrice d'art, »

écrit Eugène Guernier dans *L'apport de l'Afrique à la pensée humaine.* On retrouve ici Gobineau ou Senghor qui reprend ses thèses pour revendiquer l'émotion comme une marque d'identité du nègre. Ces clichés commodes traînent dans l'imaginaire de l'Occident. Les meilleurs esprits n'en sont pas délivrés. Ayant écarté l'Afrique de l'histoire et de la raison, de nombreux manuels reproduisent une image de l'Occident destinée à légitimer ses prétentions.

> « Ce n'est qu'en Occident, *écrit Max Weber,* qu'existe une science digne dont nous reconnaissons aujourd'hui le développement comme "valable". Certes, des connaissances empiriques, des réflexions sur l'univers et la vie, des sagesses profondes, philosophiques ou théologiques, ont aussi vu le jour ailleurs (...), surtout dans l'Inde, en Chine, à Babylone et en Egypte. Mais ce qui manquait à l'astronomie, à Babylone comme ailleurs (...), ce sont les fondements mathématiques que seuls les Grecs ont su lui donner[9]. »

Cette évaluation renvoie à une antique géopolitique qui assure l'hégémonie de la Grèce et fonde le programme de l'impérialisme qu'Alexandre le Grand a réalisé au-delà de toutes les espérances. Aristote écrit, en effet :

> « Les nations situées dans les régions froides et particulièrement les nations européennes sont pleines de courage, mais manquent plutôt d'intelligence et d'habileté technique ; c'est pourquoi, tout en vivant relativement libres, elles sont inca-

pables d'organisation politique et impuissantes à exercer la suprématie sur leurs voisins. Au contraire, les nations asiatiques sont intelligentes et d'esprit inventif, mais elles n'ont aucun courage, et c'est pourquoi elles vivent dans une sujétion et un esclavage continuels. Mais la race des Hellènes, occupant une position géographique intermédiaire, participe de manière semblable aux qualités des deux groupes de nations précédentes, car elle est courageuse et intelligente, et c'est la raison pour laquelle elle mène une existence libre sous d'excellentes institutions politiques, et elle est même capable de gouverner le monde entier si elle atteint à l'unité de constitution[10]. »

Ce que le philosophe ne dit pas, c'est l'importance des emprunts faits par la Grèce à l'Egypte. Dépassant l'esprit de clocher des cercles travaillés par les tendances panhelléniques dont on retrouve l'expression dans la conscience populaire, les discours des orateurs et la réflexion des philosophes, d'autres milieux savent reconnaître ce que la race des Hellènes doit aux étrangers. *Dans l'Antiquité, il y a, en effet, un lieu où il faut se rendre pour s'initier à la science et à la philosophie.* Ce lieu, c'est l'Egypte ancienne, d'origine nègre. Ch. A. Diop retrouve ce « topos », qui appartient à une tradition dont se réclament les grands courants de la littérature et de la pensée grecques. Cette attitude exige un élargissement de la conscience imposé par l'affrontement des autres peuples et cultures. On s'en rend compte au moment où Hérodote propose une carte du monde et dit les espaces habités en procédant à l'inventaire des particularités culturelles qui dépaysent le voyageur grec. L'historien africain n'a fait que reprendre ce lieu commun en s'appuyant sur les témoignages des auteurs anciens sur l'apport de l'Egypte à la Grèce. Ce qui gêne dans la reprise de cette tradition, c'est le caractère nègre des Egyptiens.

Admettre que les Africains aient pu enseigner la géométrie à l'Europe relève de l'inédit. Aucun historien de la science n'était allé jusque-là. Une telle hypothèse était impensable. Elle ne pouvait être tolérée dans le contexte hégémonique de l'expansion de l'Europe dans le monde. Des générations avaient lu, traduit ou commenté Hérodote, Diodore de Sicile ou Strabon. Personne n'avait appris aux enfants des écoles ni aux jeunes des lycées et des universités que l'Egypte nègre était le berceau de toute science et de toute sagesse. Ch. A. Diop oblige l'Occident à revoir les débuts de la science et des mathématiques en les situant ailleurs qu'en Grèce. Comment apprendre à penser, sans se renier soi-même, que les savants grecs les plus célèbres ont été les disciples des nègres ? L'historien en demande trop à la conscience européenne. Or la vérité est à ce prix.

On peut discuter sur le niveau d'exigence critique auquel le jeune chercheur soumet les témoignages relatifs aux emprunts de la Grèce à l'Egypte antique. Se rend-il compte qu'il s'agit là d'un lieu commun qui, selon les périodes et les nécessités, tend à faire de l'Egypte une sorte de lieu mythique auquel on attribue la paternité des aspects de la culture qui font le prestige de l'Europe ? On peut aussi examiner la vérité des interprétations que le chercheur africain fait des filiations entre la pensée égyptienne et la pensée grecque. Ch. A. Diop, lecteur de Platon, dans le cas du *Timée*[11], rejoint-il le philosophe dans sa dynamique propre ? Si le chercheur reconnaît l'origine égyptienne des théorèmes de Pythagore et de la géométrie d'Euclide, il se rend bien compte de l'esprit laïc qui préside à l'élaboration de la science grecque. Les emprunts n'excluent pas des ruptures fondatrices. En fait, l'histoire de la science se trouve aussi dans cette discontinuité qui s'opère avec l'émergence d'un savoir propre à une époque. De plus, le caractère proprement philosophique des idées ou des doctrines égyptiennes qui sont transférées dans la culture grecque n'est pas évident. Elle relève de cette pensée anonyme qui appartient à ce qu'une génération de penseurs africains appelle aujourd'hui «l'ethnophilosophie». Ch. A. Diop s'emploie d'ailleurs à développer la comparaison entre ces notions ou croyances de l'Egypte ancienne et les Cosmogonies africaines inventoriées par les anthropologues. Dans *Civilisation ou barbarie ?* l'historien africain dégage les convergences entre les notions égyptiennes et la « métaphysique dogon » étudiée par M. Griaule ou « la philosophie bantoue » du P. Tempels. A partir de ces retrouvailles de l'Afrique avec ses origines culturelles, le chercheur règle le problème d'une « philosophie africaine » en renvoyant promener les nouvelles générations qui se refusent à faire «l'éloge de l'ethnophilosophie».

« Aucune pensée, et en particulier aucune philosophie ne peut se développer en dehors de son terrain historique. Nos jeunes philosophes doivent comprendre cela et se doter rapidement des moyens intellectuels nécessaires pour renouer avec le foyer de la philosophie en Afrique, au lieu de s'enliser dans le faux combat de l'ethnophilosophie[12]. »

Ce qui demeure, dans ce débat essentiel, c'est la démarche de l'historien qui remet les faits à leur place. « J'ai vu alors et clairement que les systèmes les plus fameux de la Grèce, notamment ceux de Platon et d'Aristote, avaient eu l'Egypte pour berceau. » En reprenant ces témoignages, Ch. A. Diop a dû surprendre les Noirs eux-mêmes. L'Occident leur avait appris à attribuer aux Grecs les inventions des nègres. Les uns et les autres devront apprendre à penser autrement. Ch. A. Diop invite les hommes de son temps à regarder le rôle des Noirs dans l'histoire de la culture avec les yeux des anciens Grecs. Cet apport à la science historique est aussi une contribution décisive à l'histoire des sciences et de la philosophie. En insistant sur le « rôle civilisateur des anciens Egyptiens dans l'histoire de l'humanité », Ch. A. Diop n'établit pas seulement la jonction entre l'étude des civilisations africaines et l'égyptologie mais il ramène aux sources de la connaissance. *La raison est née chez les Noirs.* Tel est le « scandale » qui est au centre de l'œuvre de l'historien africain. C'est pourquoi, cette œuvre a suscité l'un des grands débats de la science moderne. Le message de Ch. A. Diop est l'affirmation d'une scandaleuse vérité. Celle-ci ne pouvait connaître aucune publicité. Le petit monde scientifico-politique de l'africanisme ne tend-il pas à taire jusqu'au nom de l'auteur de *Nations nègres et culture ?* L'historien qui revendique le passé volé à l'Afrique a rarement été l'objet des bruyants hommages dans les milieux où l'on se refuse à oublier ce que l'Occident n'a guère été : le lieu primordial de la raison. L'on ne consent pas aisément à exhiber les œuvres du chercheur dans les grandes foires aux idées. Le seul ton qui leur convient est celui de la dérision.

En relisant *Civilisation ou barbarie ?* où Ch. A. Diop établit le bilan de ses recherches, on comprend les efforts menés ici et là pour étouffer une voix redoutable, celle de la science qui défie les mythes trompeurs inventés par l'Europe coloniale. En dépit des nouvelles perspectives ouvertes par l'avènement de l'esprit critique, la conscience européenne a été obscurcie par la traite et la colonisation au point d'oublier la voix de ses grands maîtres pour lesquels l'identité nègre de l'Egypte ancienne était un fait d'évidence. En retrouvant ce que les anciens Grecs avaient appris sur les Noirs l'Occident découvre en même temps les origines de son savoir et de sa culture. Quant aux jeunes Africains, ils doivent apprendre à oublier ce que l'Europe a raconté au sujet de l'Afrique noire. Ce faisant, ils s'approprient leur véritable mémoire et se libèrent des siècles d'aliénation :

> « La négation de l'histoire et des réalisations intellectuelles des peuples africains noirs est le meurtre culturel, mental, qui a déjà précédé le génocide ici et là dans le monde. De telle sorte qu'entre les années 1946 et 1954 –où s'est élaboré le projet de restitution de l'histoire africaine authentique, de réconciliation des civilisations africaines avec l'histoire– l'optique déformante des œillères du colonialisme avait si profondément faussé les regards des intellectuels sur le passé africain que nous éprouvions les plus grandes difficultés, même à l'égard des Africains, à faire admettre les idées qui aujourd'hui sont en passe de devenir des lieux communs. On imagine à peine ce que pouvait être le degré d'aliénation des Africains d'alors[13]. »

NOTES

(1) Ch. A. Diop, « Histoire primitive de l'humanité : Evolution du monde noir », *Présence Africaine*, n° 51, 1964.

(2) *Idem*, p. 12 ; *Antériorité des civilisations nègres*, pp. 13-26.

(3) *Ibidem*, p. 12 ; *Civilisation ou barbarie ?*, pp. 19-92.

(4) Voir G. Gusderf, *L'Université en question*, Payot, Paris, 1964.

(5) Hegel, *La raison dans l'histoire*, 10/18, pp. 247-249.

(6) Sur ce thème, lire L. Fanoudi-Sieffer, *Le mythe du Nègre et de l'Afrique dans la littérature française (de 1800 à la deuxième guerre mondiale)*, C. Klincksieck, Paris, 1968.

(7) Hegel, *op. cit.*, p. 245.

(8) J. Suret-Canale, *Afrique Noire*, Editions Sociales, Paris, 1959.

(9) Max Weber, *L'Ethique protestante et l'esprit du capitalisme,* Plon, Paris 1964, p. 13.

(10) Aristote, *La politique,* VII, 7, 25-31, Vrin, 1982, p. 493.

(11) Voir *Civilisation ou barbarie ?,* p. 425 ss.

(12) *Id.*, p. 13.

(13) *Ibid.*, p. 10.

IV
Conscience historique et révolution africaine

Ch. A. Diop est d'abord celui dont le nom demeurera « attaché à jamais à la renaissance de l'histoire africaine. Ses travaux ont permis de lever le voile sur des pans entiers du passé de l'Afrique permettant en même temps de combler de graves lacunes dans la connaissance de l'évolution générale de l'humanité. Ils ont permis en outre aux africains de mieux retrouver une part importante de leur mémoire collective où ils peuvent le mieux percevoir les fondements de leur identité culturelle[1] ».

Le problème de l'histoire africaine

Il faut *descendre sur le terrain précis où Ch. A. Diop n'est pas seulement l'un des esprits les plus créatifs de notre continent mais aussi un homme de science dont les travaux sur l'Egypte ancienne constituent, par leur caractère révolutionnaire, un défi permanent.*

Comme l'a bien souligné J. Ki Zerbo, ce qui caractérise Ch. A. Diop, c'est :

> « la volonté farouche de redresser l'histoire, de réordonner l'« Imago Mundi », et par une révolution de type copernicien, de replacer le soleil au centre du système. Travail titanesque qui provoquait les sarcasmes des uns, la stupeur des autres et généralement le scandale chez tous les savants qui, parce que le statu quo d'alors était borgne, se refusaient à le dévisager en face et préféraient le regarder de profil. Cette vérité fondamentale de la contribution décisive des Noirs au progrès de l'humanité (...), notre frère Cheikh s'en empara comme Prométhé ravissant le feu à l'Olympe des Dieux[2] ».

Pour l'homme africain, le rapport à cette vérité est constitutif de sa conscience. Il faut en ressaisir tout le poids pour comprendre où veut en venir cet égyptologue noir quand il entreprend la remontée aux sources du Nil.

Pour découvrir et défendre cette vérité, Ch. A. Diop a consacré l'essentiel de sa vie. Il s'y est employé à travers les étapes de sa recherche et les grands moments de la culture noire, depuis la fondation de la revue *Présence Africaine* jusqu'à la tenue des congrès des écrivains et artistes noirs, la création de la Société africaine de culture et la célébration du premier festival mondial des Arts nègres où il a joué un rôle éminent. Pendant plus de trente ans, cette aventure prométhéenne s'est poursuivie dans les livres et les articles, les conférences et les colloques, les débats et les communications par lesquels cet homme est apparu comme l'une des grandes voix du monde noir. *Un seul souci anime cette vie vouée à la recherche : restaurer la conscience historique des peuples africains.* Rendre hommage à Ch. A. Diop, c'est aussi rappeler le sens d'une œuvre qui a modifié le paysage scientifique de notre temps. C'est ce que nous nous proposons de tenter en remontant à l'origine du combat qui engage l'avenir de l'homme africain.

Le choix de ce terrain ne saurait surprendre chez un penseur africain. Dans le contexte où l'anthropologie se constitue comme une science des sociétés primitives, l'histoire n'est-elle pas cette dimension de l'existence humaine dont on pense, en Occident, que les Noirs sont dépourvus ? Il n'est pas utile de revenir ici aux affirmations de Hegel pour lequel le continent africain n'a pas, « à proprement parler, une histoire » et qui, de ce fait, laisse « l'Afrique pour n'en plus en faire mention par la suite ». Car, « ce que nous comprenons en somme sous le nom d'Afrique, c'est un monde anhistorique non développé, entièrement prisonnier de l'esprit naturel et dont la place se trouve encore au seuil de l'histoire universelle[3] ». L'Europe coloniale ne s'est pas contentée de retenir cette leçon du maître. Elle l'a pratiquée fidèlement à travers ses institutions comme le rappellent les programmes d'enseignement en Afrique noire.

Au moment où Ch. A. Diop travaille sur les origines nègres de l'Egypte ancienne, les jeunes africains ont pour manuel scolaire de base *Mamadou et Bineta* où l'on retrouve, précisément, les appareils idéologiques de la colonisation. Il y aurait lieu de restituer l'image de l'Afrique qui se dégage des lectures, des dictées ou des récits par lesquels les écoliers sages et laborieux apprennent le français. *Moussa et Gigla,* qui ont été remplacés en 1931 par *Mamadou et Bineta* devenus grands, sont appelés à découvrir à travers *Les contes de la brousse et de la forêt* (1932) et bien d'autres lectures vivantes le contraste entre les « primitifs » et les « civilisés ». A partir de l'univers européen où le manuel les introduit, Mamadou et Bineta qui sont ici des prototypes de colonisés confrontent la case indigène et la maison moderne, les techniques et les habitudes des indigènes avec l'image de l'Europe et de sa civilisation. Face au village « un peu sauvage » de Mamadou et Bineta, se dresse Paris, cette ville de rêve pour laquelle l'enseignement cherche à susciter l'émerveillement dans la mesure où elle est le symbole de la civilisation dont se souviennent les vieux tirailleurs noirs.

Telle est la toile de fond de l'enseignement en Afrique noire. Pour les jeunes Africains des années Cinquante, l'école fait d'autant plus rêver à la ville et à l'Europe que l'image des Noirs et de leurs sociétés est celle des peuples sauvages. En les délivrant de cette situation, l'école doit les élever à un « stade » supérieur où, façonné à l'image de son maître, le colonisé renonce à ses origines pour assumer l'histoire des « civilisés ». Aussi l'enfant noir apprend-t-il que ses ancêtres, ce sont les Gaulois « aux yeux bleux et aux cheveux longs. » Foncièrement assimilationniste, l'enseignement colonial vise à produire des « peaux noires et masques blancs ». Pour y parvenir, l'obligation de tout apprendre dans la langue de l'étranger ne suffit pas : l'enseignement de l'histoire contribue à atteindre les objectifs de la politique de l'éducation.

Il doit « tendre à montrer que la France est une nation riche, puissante, capable de se faire respecter, mais en même temps, grande pour la noblesse des sentiments, généreuse et n'ayant jamais reculé devant les sacrifices d'hommes et d'argent pour délivrer les peuples asservis ou pour apporter aux peuplades sauvages avec la paix, les bienfaits de la civilisation[4] ». Dans cette perspective, « quant à notre histoire nationale, elle devra surtout fournir à l'âme indigène des exemples héroïques et exciter en elle l'admiration[5] ». Appelé à se regarder dans le miroir d'autrui, le jeune écolier africain découvre qu'il a besoin de la colonisation pour accéder au bien-être et à la paix. Cela suppose qu'avant la pénétration européenne, les indigènes vivaient dans la barbarie. L'Afrique est une terre de sauvages ; elle réclame la présence de l'homme blanc seul parvenu à un degré supérieur de civilisation. Dès l'âge de 10-12 ans, les enfants noirs reçoivent ce message à travers l'enseignement de l'histoire. Ce qui se rapporte au passé africain devant être considéré comme « primitif » et « païen », il faut non seulement l'exclure des programmes officiels mais en avoir honte. Par ses principes et ses méthodes, l'enseignement colonial est destiné à provoquer un sentiment de frustration et, en définitive, une véritable amnésie collective. Il ne s'agit pas ici d'une vue de l'esprit. Dans un témoignage émouvant, Alioune Diop écrit :

> « Je me souviens de mon enfance où, passionné d'histoires et d'héroïsme, nous chantions avec des camarades blancs des chansons anciennes, héritage des guerres de la révolution ou de Napoléon. Mon enthousiasme, j'eus la même sensation plus tard dans les auberges de la jeunesse, s'arrêtait net après les premières strophes à la pensée que ces amis avec lesquels j'avais tant de liens et d'espoirs communs, je n'avais pas les mêmes ancêtres qu'eux[6]. »

Le respect du réel

Telle est la condition des jeunes Africains des années Cinquante face à la question de leur origine. Ces jeunes ne se retrouvent, à partir des ouvrages occidentaux, que devant « la nuit noire », incapables de dire ce que faisaient leurs ancêtres sur le continent depuis la préhistoire. Dans ce contexte, éclate la révolution culturelle préparée par Ch. A. Diop qui, au cœur de la crise du colonialisme, met en évidence l'importance de la mémoire pour les nouvelles générations d'Africains. En un sens, l'histoire résume la conscience qu'un peuple a de lui-même et engage la totalité de l'existence humaine dans son devenir. Aussi, pour le Noir, retrouver sa mémoire, c'est se donner un axe de référence afin de reconquérir ce qui a été confisqué au profit de l'Occident[7].

Pour se libérer, il faut donc commencer par reprendre conscience de son passé. En posant le problème de l'histoire africaine, Ch. A. Diop ouvre aux colonisés un chemin de libération. En rétablissant « la clarté sur un point d'histoire qui n'est devenu réellement obscur qu'(...) avec l'apogée de l'impérialisme », l'égyptologue permet au « nègre de ressaisir la continuité de son passé historique national, de tirer de celui-ci le bénéfice moral nécessaire pour reconquérir sa place dans le monde moderne[8] ». A travers la recherche sur l'origine nègre de la civilisation égyptienne, il s'agit donc d'une reconquête de la mémoire indispensable à la redécouverte de soi et à l'élaboration de l'avenir.

Ch. A. Diop insiste sur l'importance de cette recherche sur une question décisive où les maîtres de vérité n'ont souvent enseigné aux Africains qu'une somme d'erreurs : la perte de la mémoire doit être considérée chez les colonisés comme l'un des effets culturels de l'oppression politique et de la violence symbolique. « Faire croire au nègre qu'il n'a jamais été responsable de quoi que ce soit de valable, même pas de ce qui existe chez lui[9] », relève de l'intoxication. Cela ne peut que faciliter « l'abandon, le renoncement à toute aspiration nationale. On renforce les réflexes de subordination chez ceux qui étaient déjà aliénés ». *L'histoire était une arme au service de l'impérialisme européen.* Croire qu'il n'y a pour les Noirs d'autre issue à cette situation que l'assimilation, c'est bloquer le processus d'émancipation. Le danger est grave : « le poison culturel savamment inoculé dès la plus petite enfance est devenu partie intégrante de notre substance[10] ». Pour s'en défaire, la voie de salut, pense Ch. A. Diop, c'est de détruire « ces armes culturelles redoutables au service de l'occupant ». Devant l'urgence des problèmes de l'heure, « il devient donc indispensable que les Africains se penchent sur leur propre histoire et leur civilisation et étudient celles-ci pour mieux se connaître : arriver ainsi, par la véritable connaissance de leur passé, à rendre périmées, grotesques et désormais inoffensives ces armes culturelles[11] ». L'enjeu est de taille. Réconcilier l'Afrique et l'histoire, c'est interroger l'ensemble des discours qui se sont constitués en Europe durant les siècles de l'impérialisme. Ici, *la véritable crise des sciences européennes n'est pas celle qu'analyse Husserl mais celle qui s'instaure lorsque les indigènes d'Afrique apprennent à étudier l'histoire.* L'entreprise n'est pas à l'abri des difficultés et des obstacles multiples.

Et d'abord, l'Africain est-il qualifié pour cette recherche ? Ne doit-il pas attendre, avant de publier les conclusions de ses analyses, que les docteurs-ès-sciences aient fini d'interroger leur candidat pour que celui-ci se remette au dur travail en tenant compte des corrections de ses maîtres ? Pour vérifier ses hypothèses, Ch. A. Diop n'a pas attendu que les spécialistes lui donnent raison pour pouvoir affirmer que l'Egypte ancienne était « nègre » et se prononcer sur *« l'unité culturelle de l'Afrique noire ».* Sans se soumettre au jury des sociologues et des ethnologues ou des spécialistes des langues africaines, il a engagé l'école historique africaine par ses recherches, en s'appuyant sur les seules méthodes de l'investigation scientifique. Plus précisément, il va devancer les spécialistes et détruire une somme d'erreurs officialisées par l'impérialisme à travers les appareils idéologiques de la violence coloniale. Au nom de la science, il lui faut détruire les mythes imposés par des siècles d'érudition. Consacrer ses « efforts au passé africain qui va de la préhistoire jusqu'à la fin du Moyen Age, à l'apparition des Etats modernes ». c'est retrouver les faits qui ont été longtemps masqués.

La portée « polémique » de cette démarche est bien évidente : si le discours dominant n'est que pure mystification et pseudo-science, « il faut, au nom de la vraie science, lui tenir, sans répit, la « dragée haute », procéder à la destruction irréversible de ses châteaux de cartes[12] ». Cette démolition doit se faire dans la sérénité, en libérant l'histoire de toute méthode intuitive fondée sur la vraisemblance des choses. Travaillant sur le premier ouvrage général d'histoire africaine écrit par un Noir d'expression française, Ch. A. Diop veille d'autant plus à la qualité de sa recherche que son effort scientifique s'inscrit dans un contexte de lutte. On est porté à penser que, parce qu'ils luttent pour leur libération, tout ce que les Noirs peuvent dire dans ce contexte sur le plan de la science ne relève que de la passion anti-colonialiste. Il n'y aurait ici, en somme, qu'exagérations ou erreurs mises au compte de la réaction émotionnelle.

L'historien africain est trop conscient de l'enjeu de sa recherche pour retomber dans les erreurs qu'il combat. S'il n'a pas à attendre que les spécialistes se prononcent pour retenir ce qu'ils décident de considérer comme vrai, c'est dans la mesure où il sait que son travail ne peut tirer sa valeur que s'il procède avec méthode et reste sur le terrain de l'objectivité. *Il s'agit de rectifier l'histoire humaine par une autre démarche que celle des détenteurs de la pseudo-science.* A la limite, Ch. A. Diop se propose de confondre les spécialistes en rappelant, sur la base des faits objectifs et des voix tues, ce qu'on ne peut contester sans être infidèle à l'héritage authentique de la civilisation de l'Occident. Le chercheur africain veut sans cesse ramener « le problème de l'histoire africaine » sur le terrain de « l'exactitude », « le seul qui soit vraiment intéressant et accessible à une science objective[13] ». C'est là qu'il attend « tous ces psycho-sociologues de circonstance ou de métier » qui « dissimulent leur dérobade » car les raisons qui poussent à écrire n'ont rien à voir avec la véracité ou l'exactitude de ce qu'on écrit. L'obstination de Ch. A. Diop à défendre ses hypothèses sans autre appui que la vérité montre que toute son œuvre est l'un des grands défis de la science contemporaine.

Pour s'entêter dans ces convictions, l'historien africain ne pratique le culte d'aucune autorité sacro-sainte. Il n'est lié que par le respect des faits que rien ne saurait altérer.

> « Lorsqu'au cours de nos recherches, nous avons abouti à la certitude que l'Egypte ancienne fait partie du monde nègre, cela nous a ébloui et créé autant de difficultés. Je ne pouvais tout de même pas déformer la vérité historique, par complaisance en inventant d'autres origines aux peuples africains pour donner l'impression d'un travail plus « sérieux », plus « scientifique », surtout plus acceptable aux yeux des nombreux spécialistes qui, lorsqu'ils font remonter l'origine de la race noire à quelques millénaires, croient faire une concession majeure[14]. »

A travers la vie et l'œuvre de l'égyptologue africain, on retrouve cette exigence de fidélité et d'honnêteté intellectuelle qui rappelle le courage de Galilée devant l'Eglise de son temps. *Homme de science et militant anticolonialiste engagé dans la libération de son peuple, Ch. A. Diop ne peut sacrifier ni la vérité, ni la lutte*. Il lui faut tenir ce pari difficile en respectant les droits de la raison afin de justifier le sens de son combat.

C'est à cette épreuve de l'objectivité que Ch. A. Diop soumet l'étude de l'histoire africaine. Dès lors, il n'y a pas de vérité dans ce domaine sans une remise en cause du discours colonial : « La conscience de l'homme moderne ne peut progresser réellement que si elle est résolue à reconnaître explicitement les erreurs d'interprétations scientifiques, même dans le domaine de l'histoire, à revenir sur les falsifications, à dénoncer les frustrations de patrimoines[15]. »

Dans cette perspective, le problème de l'égyptologue noir n'est pas de savoir si l'Afrique a une histoire. Dès le début du XXe siècle, Delafosse avait commencé à faire découvrir les grands empires de l'Ouest africain. On apprenait que Ghana était, au Xe siècle, une des plus importantes villes du monde. Les travaux de Delafosse font remonter la création de l'empire de Ghana à 300 après J.-C. Par ailleurs, Frobénius avait remis en valeur « la civilisation africaine. » Dans le même sens, Baumann et Westermann publient le seul ouvrage de synthèse ethnologique sur l'Afrique noire. Depuis la révolution cubiste, l'art nègre est à la mode en Europe. On admire la civilisation d'Ife, où l'on trouve un des sommets de l'art mondial. Griaule révèle les cosmogonies et la métaphysique des Dogons tandis que les récits de voyageurs arabes rappellent la vitalité intellectuelle de l'université de Tombouctou où, au XIIIe siècle, Aristote fait l'objet de nombreux commentaires. En Afrique australe, les fouilles sortent de l'oubli les civilisations urbaines du Zimbabwé ouvertes à l'Inde et à la Chine par un commerce florissant[16]. Ces témoignages ruinent peu à peu le mythe d'une Afrique demeurée sauvage avant la pénétration européenne du XVe siècle.

Ce qui reste à déterminer, c'est l'espace-temps auquel doivent se rattacher les manifestations de la culture dont on entreprend l'inventaire dans les différentes régions du continent. Autour de cette question nouvelle s'impose, par la force des choses, la tâche de « redressement » ou de « rétablissement » de l'histoire. Cela n'est possible que si l'on détruit les thèses fantaisistes qui dénaturent les faits en occultant la contribution des Noirs à l'évolution de l'humanité.

Pour passer du « mythe » à la « vérité historique », il faut donc admettre l'« antériorité du fait nègre dans l'histoire de l'humanité », et reconnaître les « origines nègres de l'Egypte ancienne[17].» Tel est le problème fondamental à partir duquel la science peut être dissociée de l'idéologie. Car, c'est sur ce point précis que s'est développé « le mythe du nègre » dont on peut suivre la naissance dans la pensée occidentale. Autour de ce fait fondamental, l'on a assisté à « la falsification moderne de l'histoire ». Le mensonge ne peut céder la place à la vérité que si le savoir assume le « rôle civilisateur des anciens Egyptiens dans l'histoire de l'humanité ». Il faut ici rappeler un texte capital de Ch. A. Diop :

> « Berceau de la civilisation pendant 10 000 ans au moment où le reste du monde est plongé dans la barbarie, l'Egypte détruite par toutes ces occupations successives ne jouera plus aucun rôle sur le plan politique, mais n'en continuera pas moins pendant longtemps encore à initier les jeunes peuples méditerranéens (Grecs et Romains, entre autres) aux lumières de la civilisation. Elle restera pendant toute l'antiquité la terre classique où les peuples méditerranéens viendront en pèlerinage pour s'abreuver aux sources des connaissances scientifiques, religieuses, morales, sociales, etc., les plus anciennes que les hommes aient acquises[18].»

Pour rendre justice au nègre, il faut consentir à lui reconnaître « le rôle du plus ancien guide de l'humanité dans la voie de la civilisation ». Tel est l'enjeu des thèses que Ch. A. Diop soutient avec une grande érudition à travers une œuvre immense qui trouve son unité et sa pertinence dans l'affirmation de « l'origine nègre du peuple et de la civilisation de l'Egypte ». Depuis 1954, l'historien africain n'a pas varié sur ce point. En 1967, il écrit : « La science historique, elle-même, ne fournira, sur le passé, toute la lumière qu'on peut attendre d'elle, qu'à partir du moment où elle intégrera dans ses synthèses la composante nègre de l'humanité, dans une proportion en rapport avec le rôle que celle-ci a vraiment joué dans l'histoire[19].» Or, selon l'égyptologue africain : « Aujourd'hui encore, de tous les peuples de la terre, le nègre d'Afrique noire, seul, peut démontrer de façon exhaustive l'identité d'essence de sa culture avec celle de l'Egypte pharaonique, à telle enseigne que les deux cultures peuvent servir de systèmes de référence réciproques. Il est le seul à pouvoir se reconnaître encore de façon indubitable dans l'univers culturel égyptien ; il s'y sent chez lui[20].»

De la connaissance historique à la conscience politique

A partir de cette « découverte » qui conditionne l'émergence d'une conscience historique, il devient possible de renouveler l'approche des questions africaines en vue d'une connaissance approfondie des réalités du continent. *Toute l'œuvre de Ch. A. Diop tend vers la constitution d'une sorte de nouvel entendement en Afrique à partir de l'Egypte nègre considérée comme un véritable concept opératoire.* Le retour à l'Egypte ancienne n'est pas seulement indispensable à l'Afrique contemporaine pour revivifier sa culture dans la mesure où la vallée du Nil représente pour les peuples noirs ce que la Grèce antique fut pour les hommes de la Renaissance. Pour l'historien africain :

> «le retour à l'Egypte dans tous les domaines est la condition nécessaire pour réconcilier les civilisations africaines avec l'histoire, pour pouvoir bâtir un corps de sciences humaines modernes, pour rénover la culture africaine. Loin d'être une délectation sur le passé, un regard vers l'Egypte antique est la meilleure façon de concevoir et bâtir notre futur culturel. L'Egypte jouera, dans la culture africaine repensée et rénovée, le même rôle que les antiquités gréco-latines dans la culture occidentale[21] ».

A la limite, « les faits culturels africains ne retrouveront leur sens profond et leur cohérence que par référence à l'Egypte. On ne pourra bâtir un corps de disciplines en sciences qu'en légitimant le retour à l'Egypte[22] ». Ch. A. Diop insiste sur ce point qui demeure l'une de ses convictions les plus profondes. Dans *Antériorité des civilisations nègres,* il écrit : « Les études africaines ne sortiront du cercle vicieux où elles se meuvent, pour retrouver tout leur sens et toute leur fécondité qu'en s'orientant vers la vallée du Nil[23] ».

L'auteur de *Nations nègres et culture* l'a démontré par sa propre pratique scientifique. C'est ce que révèle l'analyse des grands thèmes de son œuvre sur laquelle il n'est plus nécessaire de revenir ici. Ce qu'il convient de préciser, c'est le cadre théorique où de nouvelles problématiques s'esquissent et se développent à travers l'itinéraire intellectuel du chercheur africain. L'on se réfère, d'emblée, à l'égyptologie qui est la discipline maîtresse de Ch. A. Diop. Cette science retrouve son dynamisme par une ouverture au « monde nègre » qui lui permet d'échapper à l'isolement où le discours africaniste l'avait enfermé depuis Volney dont les « conclusions (...) auraient dû rendre impossible l'invention ultérieure d'une hypothétique race blanche pharaonique qui aurait importé d'Asie la civilisation égyptienne au début de la période historique[24] ». Pour Ch. A. Diop, « l'égyptologie ne sortira de sa sclérose séculaire, de l'hermétisme des textes, que le jour où elle aura le courage de faire exploser la vanne qui l'isole, doctrinalement, de la source vivifiante que constitue, pour elle, le monde nègre[25] ». *Ce sont aussi les lettres grecques et latines qui retrouvent leur actualité quand on voit comment l'érudit africain sort ces vieux textes de la poussière des bibliothèques pour apprendre aux Africains et aux Occidentaux eux-mêmes à relire l'histoire avec les yeux d'Hérodote, d'Aristote ou de Strabon pour lesquels le rôle de l'Egypte nègre dans l'évolution de l'humanité est une donnée de la conscience intellectuelle de l'Antiquité*[26].

Le monde du savoir s'élargit par les espaces de recherche ouverts grâce à l'articulation des rapports entre l'Afrique noire et l'Egypte ancienne. Que l'on pense à l'impact et aux retombées sur l'étude des langues africaines des travaux et les débats sur l'origine des anciens Egyptiens. Bien avant le colloque du Caire qui a reconnu la validité scientifique des thèses de Ch. A. Diop[27], le premier égyptologue d'Afrique noire avait mis en lumière l'importance que présente, pour la linguistique africaine, le processus d'apparition des morphèmes de classes déjà attestés dans la langue des textes des pyramides. Ce qui s'esquisse dans *Nations nègres et culture* et *l'Afrique noire pré-coloniale* est repris sous une forme systématique, après le colloque du Caire, dans l'étude sur la *Parenté génétique de l'égyptien pharaonique et des langues négro-africaines*, publiée en 1977. Il n'est pas sans importance d'insister sur le renouvellement du regard sur les faits culturels du monde noir à partir de leur approche à la lumière de la civilisation égyptienne.

Il s'opère ici une sorte de promotion de sens et de valeur des phénomènes assimilés longtemps aux manifestations des « sociétés archaïques ». Ainsi, comment réduire la circoncision à des rites des « peuples primitifs » quand ces pratiques se retrouvent dans une région de l'Afrique où la civilisation est née ? Ch. A. Diop soumet l'ethnologie coloniale à une rude épreuve en réconciliant l'Afrique noire pré-coloniale et l'histoire. Si la non-historicité des « sociétés primitives » est le fondement du discours africaniste européen, la continuité du monde noir avec l'Egypte où se trouve le berceau de l'historicité oblige à remettre en cause l'« archaïsme » qui constitue le postulat de l'ensemble des études sur l'Afrique noire. Il faut cesser de rêver à un monde stable ayant échappé aux perturbations de l'histoire. Sans doute, l'on peut approfondir l'étude de la famille et l'analyse des rapports de parenté, s'interroger sur les institutions matrimoniales et les pratiques rituelles, les croyances et les formes du culte. Il faut seulement se rappeler que ces phénomènes n'appartiennent pas à des sociétés qui seraient suspendues en l'air, sans origine et comme en dehors du devenir, de ses tensions et de ses conflits. Autrement dit, on ne peut plus aborder ces sociétés comme si elles étaient figées dans un monde immobile où le temps serait arrêté une fois pour toutes, laissant les hommes, leurs traditions, leurs mentalités et leurs institutions, à l'abri des crises qui affectent les sociétés en devenir.

Attestée par les migrations et le processus de formation des peuples actuels de l'Afrique, la création des États et des grands Empires, l'expérience historique[28] des sociétés africaines pose un certain nombre de problèmes d'ordre théorique que seule une nouvelle pratique de la recherche peut résoudre en milieu africain. En refusant de croire au « mythe du nègre » inventé par l'impérialisme, Ch. A. Diop rompt avec une tradition intellectualiste imposée par l'évolutionnisme qui condamne les chercheurs à ne retrouver en Afrique que les « étapes » ou « les âges » de l'intelligence dépassés par l'homme d'Occident seul parvenu à la maturité de la vie de l'esprit. L'on a beau admettre que « la pensée sauvage » n'est pas la pensée des sauvages, la constitution des catégories fondamentales de l'esprit humain à partir de l'étude des non-Européens présuppose la référence à un monde an-historique imposée à l'Occident par Hegel. Un autre regard s'impose si les sociétés précoloniales se sont constituées à partir de leur historicité propre à travers les événements dont la marque est difficile à méconnaître depuis l'Egypte antique jusqu'au XVe siècle où la pénétration européenne met en crise des civilisations dont le passé ne manque pas de grandeur.

On le voit : en Afrique noire, les sociétés dites primitives sont traversées par une histoire falsifiée et masquée. Dans quelle mesure l'ethnologie et l'anthropologie échappent à la ruse de l'impérialisme si elles ont tendance à occuper des territoires de recherche où serait exclue la sociologie réservée à l'analyse des sociétés dynamiques ? L'élaboration d'une « anthropologie sans complaisance » n'implique-t-elle pas la référence à l'histoire au sein des sociétés restituées à elles-mêmes ? Cette question est au centre du débat qui met en cause le discours africaniste européen. *Réinstaller la dimension historique dans la conscience du Noir exige une sorte de rupture épistémologique permettant aux sciences humaines de s'examiner devant les sociétés africaines.* Ch. A. Diop n'a pas attendu, comme beaucoup d'Africanistes de l'après-guerre, la décolonisation pour soumettre les réalités humaines du monde nègre à un mode d'analyse dynamique. Pour lui, les mutations des sociétés africaines sont antérieures aux situations de crise provoquées par le fameux passage de la « tradition » au « modernisme ».

A travers les formes de fonctionnalisme et de structuralisme, l'anthropologie inspirée par le mouvement colonial tend à évacuer les conflits engendrés par la violence dans la vie quotidienne des sociétés dominées. Elle fait comme si ces conflits n'existaient pas. Elle se contente de travailler sur le terrain, dans le cadre de la « paix blanche » en se fermant les yeux sur les travaux forcés, les pratiques de l'indigénat, la répression des mouvements de protestation et des révoltes paysannes ou populaires, les massacres des opposants au régime colonial ou le génocide des groupes entiers. Ce qui compte, c'est la rencontre avec des hommes déconnectés d'une histoire de la servitude et de la domination. Au besoin, l'ethnologue ou l'anthropologue se transforment en espions qui cherchent à pénétrer de l'intérieur les mécanismes d'une société dont ils étudient les dynamiques pour apprendre à neutraliser ses capacités de lutte et de résistance, son aptitude à contester le régime établi et à mettre en difficulté les intérêts de l'impérialisme. Sous l'apparence de la neutralité scientifique, l'anthropologie joue le jeu du pouvoir en feignant d'ignorer le poids des servitudes qui pèsent sur les sociétés enfermées dans les formes manifestes ou latentes du « primitivisme ». *Ch. A. Diop se décide à rompre avec ces mensonges du savoir en replaçant l'étude des sociétés africaines dans une perspective historique.* « Sans la dimension historique, écrit-il, nous n'aurions jamais eu la possibilité d'étudier l'évolution des sociétés, de faire un va-et-vient du niveau ethnologique au niveau sociologique[29]. »

Le chercheur s'y applique en relevant tous les indices de changements qui affectent les sociétés africaines. S'il n'insiste pas sur les bouleversements liés aux grands courants migratoires et à la formation des États, il souligne l'importance des transformations intervenues dans les systèmes familiaux dans la mesure où « la structure de la parenté dépend étroitement des conditions matérielles de vie ; elle évolue ou change avec celles-ci d'une manière que le structuralisme de Lévi-Strauss serait incapable de prévoir ». Sous l'influence de l'islam, certains groupes ethniques sont passés du matriarcat au patriarcat. Il en résulte des changements non seulement dans la façon de nommer l'enfant mais aussi dans les pratiques concernant l'héritage[30]. « Cette phase de transition, de passage du matriarcat au patriarcat est riche d'enseignements pour la sociologie[31]. » Cela signifie que, face aux sociétés dites « traditionnelles », nous ne sommes pas devant un monde intact et pur, dont les structures seraient simples. En réalité, observe Ch. A. Diop, « la plupart des clans et tribus ont déjà connu une évolution très complexe. C'est le cas des sociétés africaines qui ont vécu sous la monarchie et qui se sont retribalisées à des degrés différents pendant la période de la traite négrière[32] ».

Un autre événement important pour l'étude des faits sociaux africains, c'est lorsque « le système de société des castes fait place à des classes sociales (...). L'étude des sociétés du delta du Niger donne peut-être la clé du passage interne d'un système de castes à celui de classe. L'intérêt de cette question pour la sociologie africaine est évident[33] ». Un phénomène capital dont Ch. A. Diop entrevoit aussi l'importance, c'est celui de l'acculturation. Sans en faire l'étude systématique, il esquisse une « méthode d'approche des relations inter-culturelles » à partir des problèmes de traduction[34]. Par contre, *l'évolution des sociétés et le moteur de l'histoire sont au centre de sa recherche.* Ainsi, à partir de l'analyse des particularités socio-politiques de l'Afrique noire pré-coloniale, il propose une véritable « sociologie historique » dont il développe et discute les questions dans la plupart de ses ouvrages[35].

Il est peut-être utile de rappeler cette approche des réalités du continent si l'on ne veut pas enfermer Ch. A. Diop dans la contemplation de l'Egypte pharaonique. *S'il est préoccupé par le problème de l'origine, il ne renonce pas à comprendre l'Afrique en devenir.* C'est pourquoi, il ne peut définir l'identité culturelle sans montrer que les « traits culturels que nous avons hérités du passé (...) n'ont rien de figé ou de permanent mais qu'ils changent avec les conditions : l'Afrique commence à connaître des consciences fortement individualistes, avec les conséquences habituelles[36] ». C'est avec lucidité que le chercheur aborde les réalités d'une société sans fard dont les contradictions provoquent les nouvelles générations.

Celui que l'on imagine polarisé par l'étude de l'antiquité négro-égyptienne posait, dès 1954, le problème de la libération effective de l'Afrique dans le cadre de la « fédération de tous les États nègres du continent ». « Eviter à tout prix de dépendre des autres plus qu'ils ne dépendent de nous » : tel est le défi de la solution fédérale qui s'impose aux États africains pour échapper à « la pression d'un monstre économique quelconque ». Pour Ch. A. Diop, *le problème de l'antériorité des civilisations nègres n'est pas une préoccupation d'intellectuel qui empêcherait de s'engager dans la lutte pour le pain quotidien qui seule importe, dans une Afrique où il nous faut transformer les conditions de vie ici et maintenant.* Dans ce sens, la question de l'identité culturelle n'est pas séparée de celle de l'émancipation politique et économique. Il faut tenir compte de leur unité pour respecter la démarche de l'historien africain. Préoccupé par l'avenir des langues africaines, Ch. A. Diop n'est pas moins attentif aux drames de la sécheresse et de la famine comme le rappelle son *Alerte sous les tropiques* où il soulève le problème déterminant du reboisement des régions sahéliennes. Dans *les fondements économiques et culturels d'un État fédéral d'Afrique noire,* il reste l'un des rares intellectuels de sa génération à aborder le problème de la faim qui tend à s'inscrire à l'horizon de l'an 2000. C'est ce souci du quotidien qui, dans un continent aux ressources fabuleuses, conduit à une évaluation des forces sociales susceptibles de reprendre l'initiative historique pour promouvoir les changements nécessaires.

Ici, rien ne saurait nous masquer les graves questions qui surgissent. « Le rôle de la sociologie africaine, écrit Ch. A. Diop, est de faire le bilan du passé pour aider l'Afrique à mieux affronter le présent et l'avenir. Il n'est aucun trait particulier (...), qu'elle ne doive analyser et expliquer afin que les Africains puissent lire clairement au fond d'eux-mêmes pour mieux réagir[37].» Parmi les problèmes qui retiennent l'attention de l'observateur, il n'y a pas seulement le problème démographique, mais aussi la menace du nucléaire à partir de l'Afrique du Sud, les diverses formes d'agression culturelle, la tendance à la sud-américanisation de l'Afrique avec le morcellement politique qui «a permis à l'impérialisme de reprendre l'initiative des événements[38] ». Dépouillé de folklore, « l'avenir est sombre, écrit Ch. A. Diop dans un éditorial de *Jeune Afrique* en 1965. L'impérialisme entend organiser l'anarchie sur tout le continent africain de manière à conserver l'initiative politique qu'il a déjà retrouvée et que lui avaient enlevée les mouvements de libération, à la veille de l'indépendance des États. C'est là un fait nouveau d'une importance capitale, sur lequel il importe que l'attention des Africains se polarise. C'est le fléau que nous avons toujours dénoncé[39] ». Ce qui est grave, aux yeux du chercheur africain, c'est que la conscience politique de cette situation n'est pas portée à tous les niveaux de la société.

Si l'on observe l'expérience politique des États d'Afrique noire, depuis 1960, rien ne montre que c'est parce que le passé antique de l'Egypte nègre fut brillant que l'avenir des peuples noirs doit l'être aussi, automatiquement. C'est pourquoi, précisément, on ne peut reprocher au sociologue de ne pas prendre en compte des réalités socio-politiques qui sont loin d'être homogènes dans une Afrique où les colonisés d'hier sont travaillés par les contradictions inhérentes de l'État néo-colonial. Ch. A. Diop dévoile ces contradictions en identifiant les blocages structurels à l'avènement d'une Afrique unie et libre. Au centre de l'analyse se trouve l'hostilité profonde aux États africains bâtis dans les frontières héritées de la colonisation. En effet, cette sud-américanisation de l'Afrique aboutit à une «prolifération de petits États dictatoriaux sans liens organiques, affligés d'une faiblesse chronique, gouvernés par la terreur à l'aide d'une police hypertrophiée, mais sous la domination économique de l'étranger qui tire ainsi les ficelles à partir d'une simple ambassade». Sans doute, dans ces États microscopiques voués à la dictature et à l'impuissance économique et politique, la situation est explosive. Cela tient d'abord au fait que depuis la traite des Noirs, l'Afrique s'insère désormais dans le cycle historique des sociétés prométhéennes dans la mesure où la réduction de l'homme en esclavage au sens occidental du terme a créé ici un « déséquilibre dynamique permanent » générateur de conflits et de révolutions dont Toussaint Louverture est une brillante illustration[40]. Avec les mouvements de libération, le monde est entré dans l'ère de la révolution planétaire qui « concerne toutes les anciennes colonies qui se libèrent du joug colonial[41] ».

L'Afrique des indépendances n'offre nulle part d'exemple d'égalité devant la misère si l'on veut bien renoncer aux idéologies du consensus qui dissimulent les intérêts de classe à travers les partis au pouvoir. On se trouve ici devant un phénomène unique dans l'histoire africaine : celui d'une masse « d'exploités sans compensation». En effet, le processus d'accumulation, de confiscation des richesses est très avancé. Celles-ci, dans une répartition inégale, sont passées des mains des anciens colons à celles des nouvelles bourgeoisies africaines[42]. On voit la nécessité d'une étude dynamique des sociétés africaines. En effet, « l'étude des révolutions est importante, au moment où la société africaine va entrer dans la phase des véritables luttes de classe au sens moderne du terme[43] ». Ce qui limite les transformations qui s'imposent, c'est le fait que «l'Afrique actuelle, même après l'indépendance, commence à peine à secouer les séquelles monarchiques. Aujourd'hui encore, la situation n'est pas révolutionnaire, car le peuple n'a pas encore découvert qu'il est son propre sauveur ; quand il est mécontent, il cherche un messie et non un moyen de contrôler directement le pouvoir politique. Il met en cause les individus et non le système de gouvernement. Il y a des sentiments de révolte, il n'y a pas encore de haine de classe[44] ».

Ce qui constitue également un obstacle important, c'est « l'absence de partis révolutionnaires au pouvoir ». Selon Ch. A. Diop, cette situation traduit « la nouvelle stratégie » de l'impérialisme à l'époque des indépendances. « La nouvelle politique libérale » a eu partout comme conséquence l'éviction des véritables mouvements révolutionnaires et le triomphe des équipes traditionnellement réformistes (...). La situation du Cameroun est typique à cet égard (...). Il n'est pas pensable de favoriser une équipe révolutionnaire qui viendrait remettre tant d'intérêts en question. Il faut donc tenter de faire en sorte que le peuple camerounais n'ait pas l'impression de devoir son indépendance au parti d'Um Nyobé[45]. Les puissances coloniales ont pratiqué une stratégie d'usurpation en mettant en place des régimes politiques africains conçus « pour améliorer en toute sécurité la production capitaliste étrangère par des procédés dont l'évidence n'échappe pas à tout le peuple[46] ». Ce sont ces régimes qui gèrent aujourd'hui la médiocrité au moment où de nombreux États sont sous perfusion dans un contexte dramatique où la pauvreté va de pair avec la répression. « Aucun travail politique préalable n'a encore transformé les consciences d'une façon radicale, afin de les préparer aux tâches austères qu'exige une indépendance réelle », constate Ch. A. Diop. Face à l'impérialisme et au redéploiement de ses intérêts, seul se développe une sorte de « nationalisme » folklorique et bariolé tout au plus des couleurs de nos tissus indigènes[47].» La situation de l'Afrique exige un effort de réflexion hardie et un renforcement de la conscience nationale. Mais « on continue à traiter les problèmes nationaux avec une mentalité de fonctionnaire[48] ». Les ressources du continent sont immenses[49]. Le drame actuel des peuples noirs, c'est l'impuissance des équipes au pouvoir. « Ce sont seulement les responsables politiques qui ne sont pas à la hauteur de ces problèmes, qui, au fond, n'y ont jamais réfléchi sérieusement, qui ont peur d'accomplir l'acte qu'ils considèrent comme un sevrage économique[50].»

Cette situation demeure un défi dans les pays où les élites au pouvoir ne cherchent qu'à se mettre à l'abri du besoin tandis que les mécanismes du système mis en place fabriquent des exclus dans les bidonvilles et aggravent le sous-développement des paysanneries africaines.

NOTES

(1) Voir *Sud,* revue africaine d'intégration, nº 1, mars 1986.

(2) *Idem.*

(3) Hegel, *La raison dans l'histoire,* 10/18.

(4) Cité par A. Moumouni, *L'Education en Afrique,* p. 57.

(5) Sonolet et Peres, *Le livre du maître africain à l'usage des écoles du village,* A. Colin, 1983, p. 117.

(6) A. Diop, *« Le Congrès des hommes de culture noire », Le Monde,* 11 octobre 1956.

(7) Cf. J. Ki Zerbo, « Histoire et conscience nègre », *Présence Africaine,* 1957.

(8) Ch. Anta Diop, *Nations nègres et culture,* t. 2, p. 411 ; *Civilisation ou barbarie ?,* chap. 16 et 17.

(9) *Nations nègres et culture,* t. 1, p. 14.

(10) *Idem,* p. 15.

(11) *Ibidem.*

(12) *Antériorité des civilisations nègres,* p. 11.

(13) *Idem.*

(14) *Nations nègres et culture,* t. 1, p. 25.

(15) *Antériorité des civilisations nègres,* p. 12.

(16) *L'Afrique noire pré-coloniale ;* lire aussi *Les fondements économiques et culturels d'un État fédéral d'Afrique noire,* pp. 11-15.

(17) Voir *Nations nègres et culture* et *Antériorité des civilisations nègres.*

(18) *Nations nègres et culture.*

(19) *Antériorité des civilisations nègres,* p. 11.

(20) *Idem*, p. 12.

(21) *Civilisation ou barbarie ?*, p. 12.

(22) *Antériorité des civilisations nègres*, p. 12.

(23) *Idem.*

(24) *Nations nègres et culture*, t. 1, p. 59.

(25) *Antériorité des civilisations nègres*, p. 12.

(26) Voir les témoignages réunis par Ch. A. Diop sur ce sujet dans *Nations nègres et culture* et *Antériorité des civilisations nègres*, pp. 34-40.

(27) Lire les conclusions de ce colloque dans la contribution de Ch. A. Diop sur l'origine des Anciens Egyptiens dans *Histoire générale de l'Afrique*, Unesco, Paris, t. 1.

(28) Cf. *L'Afrique Noire pré-coloniale.*

(29) *Civilisation ou barbarie ?*, p. 13.

(30) *L'Unité culturelle de l'Afrique.*

(31) *Civilisation ou barbarie ?*, p. 148.

(32) *Idem*, p. 152.

(33) *Ibidem.*

(34) *Ibid.*, chap. 15, pp. 283-290.

(35) Voir le sous-titre de l'Afrique Noire pré-coloniale.

(36) *Civilisation ou barbarie ?*, p. 280.

(37) *Antériorité des civilisations nègres*, p. 283.

(38) *Idem.*

(39) « L'Afrique doit s'unir », *Jeune Afrique*, n° 240, 1965.

(40) *Antériorité des civilisations nègres*, p. 188.

(41) *Idem*, p. 189.

(42) *Civilisation ou barbarie ?*, p. 15.

(43) *Idem*, p. 15.

(44) *Ibidem.*

(45) *Les fondements économiques et culturels d'un État fédéral d'Afrique Noire*, p. 50.

(46) *Idem*, p. 51.

(47) *Ibidem*, p. 45.

(48) *Ibidem*, p. 44.

(49) *Ibidem*, pp. 56-110.

(50) *Ibidem*, p. 32.

V
Colonisation et problème national

Dans les pages qui précèdent, l'on a pu découvrir l'enracinement de l'œuvre et de la pensée de Ch. A. Diop dans une époque de crise où sont remises en cause les grandes idéologies coloniales. Depuis les années Cinquante, les ouvrages écrits par les Noirs d'Afrique font apparaître les problèmes de fond qui se posent à leur peuple et à leur société. Il suffit ici d'évoquer les publications qui voient le jour autour de *Présence Africaine,* dans un contexte où l'Afrique commence à parler à partir des écrivains et des étudiants qui débattent librement, avec les armes de l'intelligence et du savoir, de la poésie et du roman, des grandes questions du continent. Au cours de ces années où la littérature négro-africaine s'affirme et se développe, elle tend à devenir le miroir des sociétés indigènes en rupture avec le système colonial. En moins de dix ans, entre 1947 et 1957, l'incontestable renouvellement affectant l'évolution des idées s'accompagne de l'appropriation des organes de la pensée que sont les revues intellectuelles et littéraires, d'autres formes de presse et d'édition, colloques, livres... Les écrivains de la négritude surgissent quand se produisent en Afrique d'importantes remises en question. Leurs œuvres répondent à une nouvelle sensibilité. Au moment où les intellectuels européens tentent de comprendre la crise de l'Occident et de développer les interrogations surgies de la guerre, autour d'Alioune Diop qui fut une sorte de Socrate africain, les écrivains et penseurs noirs participent à l'effort de réflexion suscité par l'ébranlement de l'empire colonial.

Pour eux, en effet, il ne s'agit pas, comme le veut la revue *Esprit,* fondée par Mounier en 1932, de questionner une tradition parfois étouffante mais puissante, bref, de « changer la culture et la politique » ; il ne s'agit pas non plus, comme pour *Les Temps Modernes,* d'affronter les problèmes posés à la Libération. A *Présence Africaine,* c'est le destin des peuples noirs qui est l'enjeu de toutes les réflexions. Ce sujet définit le paysage intellectuel où se retrouvent les élites noires de l'époque. Ch. A. Diop s'enracine dans le vaste mouvement de revendication qui anime le combat pour la libération totale de l'homme noir. Celui qui apparaît comme l'un des rares « scientifiques » de sa génération est aussi celui qui assume dans sa recherche les problèmes brûlants posés aux Africains de son temps. On ne peut lire Ch. A. Diop sans prendre en compte son implication aux luttes des Noirs d'Afrique. En un sens, à partir de la relation de l'homme à l'histoire, il en vient à s'interroger sur le problème fondamental de l'État et de la nation dans les conditions d'émergence des mouvements de protestations anti-coloniales.

Au sortir de la guerre, au moment où les anciens tirailleurs se rendent compte que la liberté n'a pas été octroyée aux indigènes, ces sujets ne pouvaient plus être un tabou. La randonnée de Samba Diouf est jalonnée de moments de réflexion sur la désillusion des Sénégalais, des Voltaïques, des Dahoméens qui vont rentrer en Afrique où ils éveillent les masses à la conscience nationale. C'est cette situation que Ch. A. Diop assume dans sa réflexion critique. Il va la vivre à un niveau global qui embrasse le sort des peuples d'Afrique exposés depuis des siècles à des mécanismes d'exploitation qui, dans certaines régions, ont été développés jusqu'aux limites de l'absurde. Pour le chercheur, il faut aller à la racine du problème et en dégager la portée. Or, Ch. A. Diop est habité par une conscience aiguë du drame de la colonisation. Pour lui, en effet, il n'y a pas de violence plus meurtrière que celle qui s'installe et s'exerce au niveau du regard qu'un peuple porte sur lui-même et son passé. Et, avant de s'attaquer au corps du peuple, de lui arracher sa terre et ses ressources, on s'attaque d'abord à sa conscience. Si Ch. A. Diop incarne, en un sens, la conscience des peuples d'Afrique, je voudrais m'interroger sur le type de réponse qu'il apporte à la question nationale autour de laquelle s'articulent les événements fondateurs qui ont modifié profondément le paysage politique et social de notre planète depuis la fin de la seconde guerre mondiale.

Une fiction historique ?

Pour mesurer l'enjeu du débat, l'on se heurte, au préalable, au révisionnisme qui se dévoile à travers des a priori épistémologiques, les groupes d'études et les options de recherches où l'on en vient à mettre en cause l'existence de la colonisation. Ce mouvement est apparu avec la crise du « tiers-mondisme » qui éclate en Europe avec la tentative prométhéenne de se regarder sans avoir honte de soi et de son histoire, la quête obscure de l'innocence et le refus de tout sentiment de culpabilité devant le drame des pays de l'hémisphère Sud comme le montre bien l'auteur des *Sanglots de l'homme blanc.* Cet effort se poursuit dans les « débats actuels en histoire coloniale[1] ». Au moment où l'épopée coloniale refait surface ainsi que le rappellent des récits de voyage, des recueils d'illustrations d'époque, des collections ou des images télévisées, on se demande si la colonisation, à supposer qu'elle ait jamais existé, ne fut pas plus profitable aux peuples d'outre-mer qu'à la métropole. Tout se passe comme si les grands empires coloniaux n'avaient pas été le champ privilégié des investissements rentables pour des lobbies d'intérêts étrangers[2]. Bien plus, au lieu de s'appesantir sur la cruauté des conquêtes coloniales selon une tradition qui remonte à Montaigne et aux penseurs de l'époque des lumières, il faudrait désormais insister sur la responsabilité des indigènes qui ont largement contribué à l'entreprise coloniale. L'on démontre ici les rapports complexes et les interférences entre colonisateurs et colonisés, étrangers et autochtones.

H. Brunsvchig a montré naguère le rôle joué par les élites indigènes qui ont été souvent, dès la sortie de l'école occidentale, les meilleurs auxiliaires de la colonisation et les grands atouts de l'occidentalisation. Il s'agit de ceux que Nizan aurait appelés « les chiens de garde ». Tout un monde d'images et d'idées s'écroule quand on doit examiner « comment le colonisé devint colonisateur ». Ce qui est mis en cause, *c'est la version militante d'un rejet global et unitaire de la colonisation.* On découvre, en fin de compte, la difficulté de toute analyse des stratégies des acteurs des luttes anti-coloniales dans un contexte où les maîtres à penser n'osent plus parler de dépendance, de domination ou d'impérialisme. Pendant longtemps, il allait de soi que le colonialisme fut le stade suprême de l'impérialisme. D'où la tendance à rendre compte de la situation des pays d'Afrique en fonction du système colonial (ou néo-colonial) comme facteur explicatif de ce qui se passe dans les territoires où la pauvreté a un avenir prospère. Aujourd'hui, on tend à *privilégier l'historicité propre des sociétés africaines et leurs contradictions internes.* On retrouve les formes subtiles du révisionnisme ambiant à travers les études et les recherches qui s'élaborent à partir d'une rupture avec la « théorie de la dépendance » à laquelle on reproche de faire de l'exploitation et de l'échange inégal résultant des rapports entre colonisateurs et exploités la seule grille d'analyse de la situation héritée de l'épisode colonial.

Il faut ici démasquer le jeu du discours qui se fonde sur l'étude interne des sociétés autochtones en gommant les effets pervers de la colonisation. Si l'on ne va pas jusqu'à réhabiliter ce phénomène, encore que ce courant existe, on tente de *mettre cette période de l'histoire entre parenthèses pour masquer les processus d'une recolonisation en cours dans les pays où l'indépendance a souvent servi à mettre en place des structures de dépendance.* Toute l'œuvre de Ch. A. Diop perd toute signification et toute actualité si l'économie coloniale n'est qu'une œuvre bienfaisante et si, à la limite, le drame de la colonisation n'est qu'une sorte de fiction historique imaginée par des intellectuels qui « exagèrent » quand ils se penchent sur le passé de leur peuple.

Parmi les hommes de culture, Ch. A. Diop se situe à l'avant-garde des mouvements de résistance à la domination qui traversent l'histoire africaine depuis que la Méditerranée ne joue plus le rôle fondamental de contact et de carrefour entre l'Europe et le reste du monde. Son œuvre plonge dans une histoire qui n'est pas seulement celle de la servitude et de la domination, mais aussi celle de l'insoumission et de l'insurrection. Ce n'est pas le lieu d'évoquer les révoltes d'esclaves, les soulèvements paysans qui constituent un domaine que des études contemporaines commencent à approfondir. Si l'on peut discuter les thèses avancées naguère sur les potentialités révolutionnaires de la paysannerie[3], il est devenu difficile d'en rester à une vision pessimiste du monde paysan plus prêt à réagir par la passivité et l'accommodation aux situations d'exploitation imposées par le système colonial. La fuite par la migration urbaine ou/et internationale n'a pas été la seule attitude face à la domination coloniale. Le mouvement de protestation a débouché, ici et là, sur les révoltes paysannes qui, comme on le voit au Kenya, ouvrent l'ère des révoltes anticoloniales en Afrique noire[4].

Au moment où l'on découvre l'émergence du monde des travailleurs à travers les mécanismes migratoires enclenchés ou accélérés par la colonisation, on se rend compte du potentiel révolutionnaire des jeunes adultes qui, dans les plantations européennes ou les entreprises industrielles sont engagés sur les chemins du prolétariat. Nous disposons d'informations sur les soulèvements des porteurs sur les routes à l'époque de l'indigénat. En même temps, ce qui se fait jour, c'est l'ampleur des protestations populaires dans un contexte où la recherche historique n'a, le plus souvent, affronté que les seules questions du syndicalisme, de la main-d'œuvre et du salariat, des coercitions du système administratif[5]. A partir de ces mouvements où le « politique » s'invente dans les lieux du quotidien à travers des foules anonymes qui font irruption sur les territoires et les sites historiques, on est renvoyé au conflit fondamental entre les colonisateurs et les colonisés. A côté des affrontements ouverts, il importe de repérer et de mettre en lumière les « conflits clandestins » et les formes occultes de la résistance qui se jouent dans les « stratégies ordinaires » par lesquelles les gens qui ne savent ni lire ni écrire en ont assez de la domination coloniale.

La question nationale au ras du sol

Précisément, la question nationale se pose ici, en Afrique noire, comme « au ras du sol », à partir des systèmes d'expropriation des terres et de la prolétarisation des paysans au moment où le capitalisme agraire pénètre au fond des brousses en accélérant la désarticulation des sociétés indigènes amorcée par l'économie négrière. Il faut insister sur ce « fond populaire » du nationalisme africain pour se rendre compte qu'il ne s'agit pas d'un simple mouvement d'intellectuels au moment où la lutte contre le colonialisme est un leit-motiv des peuples africains. Ce qui apparaît au grand jour dans les tribunes internationales, c'est la remontée d'un vaste mouvement issu de la base et qui s'exprime selon les couches sociales, la nature des groupes ruraux ou urbains, compte tenu de la formation des élites locales et de la stratégie des acteurs qui interviennent dans les rapports de force en présence. *Le nationalisme anti-colonial résulte d'une alliance complexe et difficile entre les groupes d'intérêts les plus profondément impliqués dans l'économie coloniale* : les petits planteurs, les manœuvres des entreprises et des chemins de fer, les salariés prolétaires et les cadres subalternes formés pour servir l'administration coloniale.

Préparées par les mouvements messianiques des peuples opprimés[6] qui posent la question de la libération avant les syndicats et les partis politiques issus de la deuxième guerre mondiale, les luttes nationalistes ont vu surgir des acteurs divers décidés à détruire le système de domination. Dans cette perspective, les grèves qui se multiplient à partir des chantiers publics ou des plantations européennes annoncent une ère de lutte où les indigènes s'accordent sur un objectif primordial : la fin du colonialisme. Autour de cette idée-force qui donne leur cohérence à tous les ordres du discours autochtone, vient se tisser un faisceau d'aspirations et de revendications qui polarisent les forces sociales et les partis politiques. S'il est exact que les administrateurs trouvent toujours des collaborateurs parmi les élites locales et les chefferies coutumières qui se sont intégrées dans le jeu colonial, un noyau de résistance radicalise le besoin d'en finir avec les servitudes coloniales. Ces exigences habitent principalement les populations dont la mémoire reste hantée par le système de l'indigénat et les travaux forcés institués dans une époque où le problème de la main-d'œuvre est la préoccupation majeure de l'État colonial[7]. Dans les pays où le racisme a creusé un large fossé entre les Blancs et les indigènes, il faudra s'attendre à des affrontements violents avec les représentants du pouvoir colonial.

Si l'émancipation de certains peuples fut paisible ailleurs, il ne suffira pas d'un « non » pour que le monde colonial s'effondre. Dans ces cas, aucune liberté ne s'obtint sans souffrance et sans douleur. Entre les aspirations nationalistes et les métropoles soucieuses de maintenir le statu quo, le conflit est inévitable. Ainsi, les Malgaches et les Camerounais, les Mozambicains et les Angolais vont accéder à l'indépendance après une lutte sanglante où les « insurgés » ou les « rebelles » se retrouvent avec les leaders politiques, les femmes, les jeunes et les paysans, les petits fonctionnaires, les devins ou les sociétés secrètes. La répression policière ne suffira pas à briser les mouvements de protestation des hommes qui s'attaquent aux garnisons militaires et aux postes de gendarmerie, ou qui coupent les voies ferrées et les routes, pour reconquérir leur liberté et vivre heureux sur la terre de leurs pères. Beaucoup s'exposent à la prison, à l'exil ou à l'assassinat dans le seul but de réhabiliter des peuples humiliés.

Le combat des « nationalistes » ne modifie pas seulement le paysage politique de la planète mais il ouvre une époque nouvelle où d'autres théories s'élaborent dans le monde de la pensée et de la culture. *Ces hommes que l'on relègue au rang de « terroristes » ou qui sont souvent perçus comme les instruments au service des idéologies étrangères tentent de bâtir l'Afrique à partir de nouvelles perspectives.* Pour les peuples qui naissent à la vie politique après la débacle allemande, ce qui est en question, c'est le droit du plus fort à dominer le plus faible. Les atrocités d'une guerre meurtrière ont fait découvrir aux Noirs les « dessous » de l'« humanisme » de leurs maîtres. La paix retrouvée, plus personne n'ose croire encore à la « mission civilisatrice » de l'homme blanc. Les écrivains et les penseurs qui émergent autour des années Cinquante s'emploient à démasquer les mensonges de l'État colonial et de ses appareils idéologiques. Il paraît urgent de « restaurer » l'époque coloniale au moment où des historiens, des économistes ou des anthropologues tentés par le révisionnisme ambiant risquent d'aller jusqu'à refuser aux Africains d'avoir subi, dès leur enfance, l'héritage d'un système de domination qui a façonné les traits spécifiques de notre visage historique. Les nouvelles générations s'exposent à ne rien connaître de l'importance cruciale, dans tous les domaines, d'une situation à laquelle l'on ne s'intéresse plus que du point de vue de l'idéologie, des symbolismes ou de la pensée religieuse. Les transformations internes des sociétés africaines à travers les vicissitudes coloniales, de leur système politique, de leurs institutions, de leur mode de vie et de leur imaginaire nous obligent à rappeler la vérité d'une époque de l'histoire par rapport à laquelle il faut revenir pour situer la pertinence de l'œuvre de Ch. A. Diop dans l'émergence du mouvement nationaliste africain.

Cette œuvre porte, en effet, la marque de son temps. Plus précisément, Ch. A. Diop est peut-être l'un des « intellectuels organiques » des années où, depuis la conférence de San Francisco, s'annonce le « moment où tous les êtres humains pourront vivre une vie d'hommes vraiment libres ». Dans le contexte de la guerre froide, les forces coloniales s'organisent pour discréditer le nationalisme africain en imputant tout réveil politique à travers les pays du continent à une inspiration communiste. Il s'agissait par là de détourner de ce mouvement la sympathie et le soutien des gens du peuple dans les régions où l'on n'avait cessé d'affirmer que l'Africain est « un être incurablement religieux ». En voulant sauver les colonisés du « danger communiste », on oubliait que le nationalisme africain avait précédé la révolution de 1917 dans la mesure où le panafricanisme, comme l'a bien montré G. Padmore, constitue l'âme des mouvements de libération dans les pays d'Afrique[8]. L'on peut esquisser les convergences entre Ch. A. Diop et Marcus Garvey qui précéda l'égyptologue sénégalais dans la mise en relief de la parenté entre l'Egypte des pharaons et l'Afrique noire. On doit situer l'auteur de *Nations nègres et culture* par rapport au mouvement d'idées qui, à partir de l'antillais Henry Sylvester William de Trinidad, s'épanouit avec William E.B. Du Bois considéré comme le « père du panafricanisme ».

Il ne s'agit plus pour lui, en effet, d'un retour à l'Afrique pour les Noirs dont on veut se débarrasser dans le nouveau monde et qui peuvent créer, comme on le voit au Libéria et en Sierra Leone, des Etats noirs reconnus par les grandes puissances. Le nom de Garvey « roula à travers l'Afrique » où ses écrits sont jugés subversifs et interdits par les colonisateurs dans certains pays comme le Dahomey. Mais *grâce à Du Bois, mort au Ghana où, pour Nkrumah, l'indépendance de son pays n'a de sens que si la libération totale de l'Afrique la soutient, le nationalisme prend racine dans le sol africain.* Le mot « indépendance » sort du réduit de secret et de honte où l'avait enfermé le colonialisme. Il entre en circulation dans « l'économie politique des signes » à travers les congrès panafricains qui, depuis 1919, font de « l'auto-détermination nationale parmi les africains, sous la conduite d'Africains pour le bien-être des Africains eux-mêmes », la ligne de force des aspirations majeures du continent. « *Le Panafricanisme devient partie intégrante du nationalisme africain.* » Dans ce contexte, le contenu politique des revendications des indigènes se fait plus clair et se cristallise autour de l'indépendance de l'Afrique. On le voit au cinquième congrès panafricain qui se tient en 1945 à Manchester et auquel participent des ouvriers et des syndicalistes, des représentants des coopératives et des étudiants africains. Comme le remarque Nkrumah, « l'idéologie de Garvey s'intéressait au nationalisme noir, non pas au nationalisme des Africains. Ce fut le cinquième congrès panafricain qui fournit une issue au nationalisme africain, et la prise de conscience politique parmi les Africains. Il devint, en effet, un mouvement massif placé sous le signe de « l'Afrique pour les Africains ». Après la seconde guerre mondiale, quand les manifestations anticoloniales éclatent ici et là, elles ne sont pas seulement l'objet d'une répression brutale dans les milieux coloniaux, elles sont réduites à des formes de xénophobie entretenues par des « agitateurs ». En réalité, elles s'inscrivent dans la logique des révoltes des peuples colonisés dont la Conférence de

Bandoung annoncera le réveil. En vain, la conférence générale des États de la colonisation tenue à Douala en 1945 tente de sauver l'empire dans un contexte où les pratiques coloniales du travail forcé qui assurait une main-d'œuvre sur-exploitée par les planteurs européens sont remises en question[9].

Il faut souligner ici la lutte anti-colonialiste des Noirs en France, depuis le mouvement organisé autour du journal *La race nègre* qui, entre 1929 et 1939, constitue un foyer de résistance à la domination. Les Noirs se mobilisent pour dénoncer les abus politiques, les atrocités de l'indigénat, l'exploitation économique dont sont victimes les populations d'outre-mer. En pleine crise du capitalisme, « Le cri des nègres» se fait entendre. Lamine Senghor écrit :

> « Les Nègres ne sont d'aucune nation européenne et ne veulent servir les intérêts d'aucun impérialisme contre ceux d'un autre impérialisme (...). L'esclavagisme est aboli, crie-t-on à travers l'univers. Voyons cela ! Les colonialistes internationaux se sont emparés de nos territoires et de nous-mêmes (...). Aujourd'hui, ils prétendent avoir aboli l'esclavage cependant qu'ils s'octroient, démocratiquement ? les droits de vendre et d'acheter un peuple tout entier sans demander l'avis de ce dernier... Quelle hypocrisie ! quel mensonge ! la vérité est que la vente au détail est interdite, tandis que la vente en gros est permise. C'est contre toutes ces iniquités que nous nous sommes groupés. »

A partir du Comité de défense de la race noire, l'Afrique deviendra bientôt le lieu des revendications pour l'autodétermination. A la veille de la seconde guerre mondiale, «la question nègre» est posée à la conscience européenne[10]. Désormais, pour les anciens tirailleurs, les paysans et les ouvriers, les petits fonctionnaires et les étudiants d'Afrique noire, de l'indigénat à l'indépendance, la marche est irréversible.

L'impact populaire du mouvement nationaliste est tel qu'il trouve ses modes d'expression non seulement dans les médias et les partis non administratifs – les vrais – mais aussi dans les tracts et les pétitions, les mots de dérision et les chansons populaires où se déploie la créativité des gens de la brousse, des petits employés des chemins de fer, ou l'œuvre des élites indigènes qui, à travers la poésie et le roman, l'essai et le théâtre, s'insurgent contre la domination coloniale. Dans ses efforts de recherche, Ch. A. Diop est étroitement mêlé à cette lutte, dans la mesure où il approfondit l'héritage du panafricanisme, ce lieu véritable de la question nationale en Afrique noire. N'est-il pas secrétaire général des étudiants du RDA ? Seulement, si l'adhésion à la Communauté française triomphe en fin de compte, comme on le verra dans les pays où l'indépendance fut octroyée, Ch. A. Diop reste fidèle au radicalisme des options prises dans une conjoncture où la question nationale ne va pas de soi. Car, si l'on tient compte de la répression exercée par l'État colonial en Afrique noire à partir de 1945, être « nationaliste », cela signifie, en rigueur, refuser l'adhésion à l'Union française. Tel fut l'objet du débat essentiel au congrès de Bamako en 1946 où, rapporte Houphouët-Boigny, « la thèse de l'autonomie, c'est-à-dire en fait de l'indépendance, avait prévalu contre la mienne. Mais on voulait que je sois le président du mouvement. Comme je me refusais à accepter des fonctions qui m'auraient obligé à faire appliquer des décisions que je n'approuvais pas, on ouvrit le débat, ma motion l'emporta de justesse. Et c'est ainsi qu'au lieu du combat pour l'indépendance, nous choisîmes l'adhésion à la Communauté française[11] ».

A l'origine de ce choix, il faut retrouver toute la stratégie des États pour lesquels, dans les territoires d'outremer, la véritable question est une question tribale : le problème national n'existe pas. S'il se pose, c'est dans la mesure où les chefs de file du mouvement nationaliste ne sont que des « communistes », agents au service d'une puissance étrangère. De 1946 à 1957, il a fallu que les véritables leaders du mouvement nationaliste rappellent à l'opinion internationale que « l'Afrique n'est pas ce continent sans problème ». Dans cette perspective, comme on le voit au Cameroun, il s'agira de « prouver que des problèmes sociaux se posent (...) à un échelon élevé et que cette situation a permis une prise de conscience des réalités africaines qui se manifestent aujourd'hui sous forme de sentiment national marqué par une revendication d'autonomie, ou d'indépendance, suivant les territoires et les statuts qui les régissent ». Pour les générations des années Cinquante, c'est ce que l'on appelle « le nationalisme africain » qui tend à se confondre, ici et là, avec l'histoire même des pays engagés résolument dans un processus de rupture avec l'ordre colonial. En marge de toute interprétation simpliste en termes de « tribalisme », ce mouvement se heurte aux jeux des forces coloniales – l'administration, les milieux d'affaires, les églises chrétiennes – qui acculent certains peuples à la lutte armée comme on l'a vu en Algérie, au Cameroun, au Mozambique, en Angola ou au Zimbabwe.

Face au problème national, Ch. A. Diop s'engage sur un double plan, celui du militant et de l'homme de science. Sur le plan politique, il le rappelle lui-même, « c'est en février 1952, alors que j'étais secrétaire général des étudiants du RDA, que nous avons posé le problème de l'indépendance politique du continent noir et celui de la création d'un futur État fédéral. Il est certain qu'à l'époque, les députés malgaches et le leader camerounais Ruben Um Nyobé mis à part, aucun homme politique africain noir francophone n'osait parler d'indépendance, de culture, oui, de culture et de nations africaines. Les déclarations qui ont cours aujourd'hui, à ce sujet, frisent l'imposture et sont, pour le moins, des contre-vérités flagrantes[12] ».

De fait, il y a une discordance évidente entre ceux qui, en 1956, déclarent : *« Aucun problème national ne se pose en Afrique noire »* et le noyau d'hommes qui s'obstinent à poser « le problème national » et s'engagent dans la lutte pour l'indépendance, à la suite de Bandoung où d'aucuns veulent mettre un « esprit de vengeance contre les anciens colonisateurs ». L'un des paradoxes de l'État post-colonial, c'est de voir au sommet du pouvoir, hissés par la grâce du néo-colonialisme gaullien, ces hommes qui avaient longtemps combattu contre l'indépendance. « La nouvelle politique " libérale " a eu partout comme conséquence l'éviction des véritables mouvements révolutionnaires et le triomphe des équipes traditionnellement conformistes[13].»

Il en résulte une frustration de la part de celui qui, au lieu d'un véritable État fédéral d'Afrique noire, se trouve en face d'une « prolifération de petits États dictatoriaux sans liens organiques, éphémères, affligés d'une faiblesse chronique, gouvernés par la terreur à l'aide d'une police hypertrophiée, mais sous la domination économique de l'étranger ». Pour le panafricaniste Ch. A. Diop, *l'indépendance réelle ne se conçoit que dans le cadre d'un gouvernement fédéral.* On retrouve ici le rêve des « États-Unis d'Afrique » qui traverse le mouvement panafricaniste. Pour cet intellectuel, nationalisme et panafricanisme sont inséparables. Dès lors, la situation politique qui prévaut en Afrique après 1960 est loin de correspondre à ses exigences et à ses convictions. Ch. A. Diop a même le sentiment que l'avènement de l'État post-colonial marque une régression. « Lorsque la France a voulu administrer rationnellement l'Afrique occidentale, écrit-il, elle a créé une fédération, mais, au moment où elle s'est retirée, nous avons fait éclater cette fédération, prouvant par là que nous n'avions même pas su conserver l'acquis de la colonisation[14].» Pour Ch. A. Diop, les ensembles régionaux et sous-régionaux qui prolifèrent sont des pis-aller. Il s'agit ici d'une évaluation critique des indépendances des années Soixante. Ce sujet n'est pas seulement au centre des réflexions et des interrogations des romanciers africains comme le rappelle la littérature qui se développe autour du thème de la désillusion, dans un contexte où une élite s'accapare les fruits du combat nationaliste et impose le silence au peuple pour mieux l'exploiter. Ch. A. Diop n'attend pas grand-chose des équipes au pouvoir dans la mesure où elles ont été mises en place pour la sauvegarde des intérêts étrangers. Il prend le cas du Cameroun où le parti qui a lutté pour l'indépendance a été évincé. « De puissants intérêts matériels sont en jeu », constate l'historien. Car « il n'est pas pensable de favoriser une équipe révolutionnaire qui viendrait remettre tant d'intérêts en question. Il faut donc tenter de faire en sorte que le peuple camerounais n'ait pas l'impression de devoir son indépendance au parti d'Um Nyobé ». Dans cette perspective, on se trouve en présence d'« un régime conçu pour améliorer en toute sécurité la production capitaliste étrangère par des procédés dont l'évidence n'échappe pas à tout le peuple[15].»

Au moment où A. Césaire, dans *La tragédie du roi Christophe,* médite sur les indépendances africaines au miroir d'Haïti qui fut la première république noire, Ch. A. Diop approfondit sa réflexion sur l'État post-colonial. La pénétration de cet État que l'on s'efforce aujourd'hui de cerner à partir des crises qui l'affectent est au centre des sujets qui préoccupent l'homme de culture. Pour lui, il ne suffit pas, comme s'y emploie Fanon, de démontrer la faillite des bourgeoisies nationales qui imposent la dictature du parti unique pour la sauvegarde de leurs intérêts. Pour Ch. A. Diop, le problème est plus radical. C'est l'actualité de la question nationale qui surgit à partir de la recherche d'un mode de gouvernabilité susceptible de relever les grands défis du continent. « Nous ne sommes pas encore libres, même à la suite de ce desserrement de liens, car nous ne pourrons pas choisir un régime politique et social différent de celui du camp occidental sans risquer de nous battre militairement ou de nous voir renverser par des intrigues, utilisant des partis locaux d'obédience occidentale[16].» L'État post-colonial naît dans un contexte où l'Occident entend maintenir sous son emprise les peuples dont les élites prennent la relève des administrateurs coloniaux. Or que signifie « conserver un pays indépendant » ? se demande Ch. A. Diop. Autour de cette question s'articulent les choix d'avenir de l'Afrique. Pour Ch. A. Diop le choix primordial est entre la « sud-américanisation ou la fédération de l'Afrique ». « Ce qui hante l'Afrique, constate-t-il, c'est la sud-américanisation. Elle est là. C'est la règle qui nous régit.» Ainsi, l'OUA est-elle un des pis-aller qu'on tente sans jamais sortir des pièges du colonialisme dans la mesure où l'on assiste ici au triomphe des nationalités dans le cadre des frontières héritées de la géographie coloniale.

En 1965, dans un éditorial de *Jeune Afrique,* Ch. A. Diop écrit :

« On doit constater qu'aucun État d'Afrique n'est déjà plus indépendant (si tant est que l'indépendance ait jamais été effective) car aucun ne saurait modifier son régime politique dans un sens suspect à l' " Oncle Sam " sans recevoir sa " visite ". Les États-Unis tiennent à conserver l'Afrique dans le camp occidental, pour leur propre sphère d'influence pour parler d'une façon plus claire. On ne devrait pas pouvoir "conserver "un pays indépendant[17].»

Ce qui amène à s'interroger sur cette situation, c'est le modèle d'État qui s'est imposé après les déclarations d'indépendance. Car, comme je l'ai noté plus haut, il n'y a pas d'indépendance réelle dans le contexte du morcellement de l'Afrique. Ch. A. Diop constate ce fait après la création de l'OUA. « Nous entrons dans une ère d'humilité et d'humiliation. Nous n'en sortirons que par l'adoption d'une solution politique de nature fédérale[18].» C'est par cette voie que l'on peut échapper à l'impérialisme qui « entend organiser l'anarchie sur tout le continent africain de manière à conserver l'initiative politique qu'il a déjà retrouvée et que lui avaient enlevée les mouvements de libération à la veille de l'indépendance[19] ». « L'Afrique doit s'unir » sur d'autres bases que les formules adoptées à Adis-Abéba. Car ces formules ne permettent pas de sortir des zones de contrôle de l'impérialisme. En 1965, Ch. A. Diop écrit :

« Le cadre politique africain, dans lequel un effort de construction économique rationnel pourrait être entrepris, n'existe pas encore. Sa création ne dépend que des Africains. On transporte illusoirement la difficulté en essayant de réaliser des regroupements économiques en dehors du terrain politique. Il faudra un exécutif fédéral, si embryonnaire soit-il, auquel sera transféré un minimum de pouvoirs lui permettant par exemple de décider de la spécialisation régionale[20].»

Pour sortir les États africains de la situation de sous-développement, de stagnation, voire de régression où ils sont plongés après les indépendances nominales, « il faudra bien que nous nous décidions à chercher quel est le type de structure politique qui peut être compatible avec l'ère cosmique que nous vivons aujourd'hui». Ce qui existe ne permet pas de répondre aux problèmes de la nécessaire intégration économique du continent. En réalité, chaque Etat tend « à devenir un micro-univers industriel pour essayer de se suffire à lui-même, tout en étant obligé d'opter pour des installations de faible puissance, de faible capacité ».

Cette situation résulte de l'absence « d'un pouvoir de décision imposable à tous ». Or « l'expérience politique africaine de ces dernières années ne nous laisse aucune illusion à ce point de vue, même pour l'OUA[21] ». On le voit : la création d'un « État noir fédéral » reste le problème majeur des sociétés post-coloniales. « Il faut faire basculer définitivement l'Afrique Noire sur la pente de son destin fédéral.»

Pour préparer l'avènement de cet État multinational, il faut mettre en relief « l'unité culturelle de l'Afrique noire » dans une conjoncture où certains intellectuels noirs n'hésitent pas affirmer, en dépit des apparences, que « nous sommes trop différents les uns des autres, aussi bien du point de vue de la race que de la culture et de la langue ». Pour l'anthropologue, de telles affirmations ne résistent pas à l'épreuve des faits. De même, la libération de l'Afrique reste illusoire tant que les anciennes colonies continueront à utiliser la langue de leurs anciens maîtres. En effet, le paradoxe de l'État post-colonial, c'est d'ériger en appareils d'État des instruments de communication qui, en fin de compte, sont les produits d'un système de domination dans un contexte où l'avenir appartient aux sociétés qui détiennent le monopole de la communication. Si le problème de la langue est un problème d'État, garder officiellement la langue de l'ancienne métropole équivaut à une « capitulation culturelle ». A cet égard, « rien de ce qui fait la grandeur des nations modernes dans le domaine de la culture nationale et même de l'infrastructure économique ne saurait, en fin de compte, exister chez nous ». Toute la tâche du chercheur doit contribuer à poser « les fondements économiques et culturels d'un État fédéral d'Afrique noire ». C'est pourquoi le problème de l'unité linguistique et de l'unité culturelle est au centre de la stratégie de Ch. A. Diop.

Tel est le sens des idées qui se dégagent de *Nations nègres et culture* auquel il faut bien revenir pour situer le cadre de la réflexion de l'historien sur la question nationale en Afrique noire. Par cet ouvrage capital, on assiste à la fin du discours dominant à travers lequel l'Occident « a joui, comme disait Sartre, trois mille ans du prestige de voir sans qu'on le voie. Il était regard pur, la lumière de ses yeux tirait toute chose de l'ombre natale...[22] ».

La mémoire d'un peuple

Le texte fondateur de Ch. A. Diop mûrit dans le contexte des luttes de libération du continent. Les nouvelles vulgates africaines se plaisent aujourd'hui à reprendre des idées qui paraissaient si révolutionnaires que très peu d'intellectuels osaient y adhérer. Ces idées contribuent à « l'affirmation de l'identité nationale » ainsi que Ch. A. Diop l'a définie dans un congrès organisé sur ce thème par l'UNESCO. Il convient de retenir la dimension politique des idées maîtresses qui se dégagent des travaux de l'historien africain le plus considérable de notre temps. Pour en finir avec le discours du maître, Ch. A. Diop s'emploie à démonter les mécanismes et les appareils idéologiques de la domination. « Enrôler l'âme nationale d'un peuple dans un passé pittoresque et inoffensif parce que suffisamment falsifié est un procédé classique de domination. » Au nom de la science, il faut donc porter le combat contre le colonialisme à ce niveau où, « tout en soignant scrupuleusement leur histoire, tout en la glorifiant chaque jour », les représentants du pouvoir colonial « s'acharnent à falsifier systématiquement » celle des colonisés. « Renoncer à sa culture nationale pour essayer d'adopter celle d'autrui et appeler cela une simple fixation des relations internationales, c'est se condamner au suicide. » Dès lors, « sauvegarder sa culture nationale » et détruire le mythe du nègre sont une exigence du nationalisme africain. *L'apport majeur de Ch. A. Diop à la question nationale se situe dans cette reconquête de notre mémoire culturelle et historique.*

L'historien mesure la portée de cette entreprise dans un contexte où les produits de la domination s'investissent dans l'imaginaire en falsifiant le passé africain. Dans la situation coloniale, le culturel est un espace du pouvoir.

Les grands thèmes développés dans *Nations nègres et culture* s'inscrivent dans une stratégie de lutte contre la domination.

> « Les milieux colonialistes mènent une campagne orchestrée contre le nationalisme dans les pays dominés, essaient de prendre les devants pour le faire avorter partout ; car notre nationalisme, même le plus chauvin, a des conséquences redoutables pour eux : il pulvérise leurs privilèges et balaie leur domination avec la violence d'un torrent.»

Dans ce débat fondamental, « l'on ne s'occupe de ces problèmes de culture que pour donner à cette lutte toute son efficacité pour la transformer en une lutte d'indépendance nationale[23] ». Toute la recherche sur l'histoire vise à doter les Africains de « l'arme de la culture » dans les luttes qui s'imposent.

Il faut souligner ici l'importance de la mémoire pour mesurer la pertinence et l'actualité de Ch. A. Diop. Si « l'histoire est la mémoire des nations », selon le mot de Joseph Ki Zerbo[24], un peuple sans mémoire est un peuple sans avenir. Toute l'œuvre du chercheur sénégalais est une lutte contre l'amnésie totale de l'homme africain. Dans cette perspective, l'auteur de *Nations nègres et culture* inaugure bien une autre « écriture de l'histoire ». C'est aussi une politique de la mémoire et de l'imaginaire qu'il annonce pour des générations travaillées par les rêves de liberté. *Rendre la mémoire à un peuple, c'est lui permettre de briser ses chaînes.* Ch. A. Diop introduit une culture du désaccord dans le système du consensus établi par le système colonial qui cherche à dépouiller les Africains de leur histoire pour asseoir la domination. Ch. A. Diop est l'hérétique qui bouleverse l'ordre du discours du maître, déstabilise et perturbe le regard de l'Occident. C'est pourquoi son œuvre est gênante. Car elle ébranle les fondements de l'empire colonial. A l'heure du révisionnisme ambiant, il n'est pas étonnant que les africanistes entourent d'un silence de mépris le savant noir et son œuvre. *Ch. A. Diop reste un défi. Sa figure hante l'imaginaire de ceux qui n'osent pas avouer la peur des morts-vivants.* Avec son œuvre et sa pensée, une autre « manière de voir » le destin de l'Afrique fait irruption dans le champ du savoir et l'ordre politique. Cette « manière de voir » impose une vision différente de l'homme et du monde dans un contexte où, trop longtemps, l'Occident a dominé l'espace du regard. Une crise de ce regard éclate au moment où « décoloniser l'esprit » devient un impératif des peuples noirs[25]. J.-P. Sartre l'a bien compris à la veille des indépendances africaines :

> « Déjà, l'Europe n'était plus qu'un accident géographique. Au moins espérions-nous retrouver notre grandeur dans les yeux domestiques des Africains. Mais il n'y a plus d'yeux domestiques : il y a les regards sauvages et libres qui jugent notre terre (...). L'homme blanc éclairait la création comme une torche, dévoilait l'essence secrète et blanche des êtres. Aujourd'hui, nous nous regardons et notre regard rentre dans nos yeux ; des torches noires, à leur tour, éclairent le monde[26]. »

Dans sa contribution à la question nationale posée dans toute son ampleur, Ch. A. Diop participe activement à cette mutation profonde de l'histoire. En ces temps difficiles où la médiocrité est rampante, ne faut-il pas reprendre la torche qu'il a allumée ?

L'auteur de *Nations nègres et culture* appartient à notre mémoire. Dans les pays d'Afrique où les anciennes dépendances s'actualisent sous des formes subtiles, il nous faut apprendre à gérer son héritage et reprendre « la lutte de toujours contre le néo-colonialisme en vue de la véritable libération de l'homme africain[27] ». Il faut préciser le rôle du chercheur dans ce combat pour saisir le sens de l'itinéraire de Ch. A. Diop et le but de sa pratique scientifique.

NOTES

(1) Voir C. Coquery-Vidrovitch, « Les débats actuels en Histoire de la colonisation », *Revue Tiers-Monde,* t. XXVIII, n° 112, octobre-décembre 1987, pp. 777-791.

(2) *Idem.*

(3) Cf. F. Fanon, *Les Damnés de la terre,* Maspero, Paris, 1961.

(4) Voir R. Buijtenhuip, *Le Mouvement « mau-mau » : une révolte paysanne et anticoloniale en Afrique Noire,* éd. Mouton, 1971.

(5) H. Babassana, *Travail forcé, expropriation et formation du salariat en Afrique Noire,* Presses Universitaires de Grenoble, 1978.

(6) Lire V. Lanternari, *Les mouvements religieux de liberté des peuples opprimés,* Maspero, Paris, 1961 ; G. Balandier, « Messianisme et nationalisme en Afrique Noire », *Cahiers internationaux de sociologie,* 1955, pp. 41-61 ; J. Marc Ela, *Le cri de l'homme africain,* L'Harmattan, 1980, pp. 60-65.

(7) Voir J.M. Ela, *L'Afrique des villages,* Karthala, 1982, pp. 28-29.

(8) G. Padmore, *Panafricanisme ou Communisme ?,* Présence Africaine, 1960, pp. 129-130.

(9) Cf. R. Joseph, *Le mouvement nationaliste au Cameroun,* Karthala, Paris, 1985, pp. 79-81.

(10) Voir « La lutte anti-colonialiste des Noirs en France », *Afrique-Histoire,* n° 12, 1987, pp. 10-16.

(11) *Le Monde,* 4 octobre 1957.

(12) *Les fondements économiques et culturels d'un État fédéral d'Afrique Noire,* p. 50.

(13) *Idem.*

(14) Interview de Ch. A. Diop dans *Afrique-Asie,* 9 novembre 1981, p. 58.

(15) *Les fondements économiques et culturels d'un État fédéral d'Afrique Noire,* p. 50.

(16) Interview de Ch. A. Diop, *Afrique-Asie.*

(17) « L'Afrique doit s'unir », *Jeune Afrique,* n° 240, 17 juillet 1965.

(18) *Idem.*

(19) *Idem.*

(20) *Ibidem.*

(21) Cf. l'interview de Ch. A. Diop, dans *Afrique-Asie,* 9 novembre 1981.

(22) J.-P. Sartre, *Orphée Noir,* Situations III, Gallimard, 1949, pp. 229-230.

(23) *Nations nègres et culture,* pp. 22-23.

(24) Voir J. Ki Zerbo, *Histoire et conscience nègre,* Présence Africaine, octobre-novembre 1957.

(25) Sur ce thème, lire Ngugi Wa Thiong IO, *Decolonising the Mind. The Politics of language in African Literature,* Nairobi, 1987 ; (Hinw Eizu, *Decolonising the African Mind,* Lagos, 1987.

(26) J.-P. Sartre, *op. cit.,* p. 231.

(27) P. Biya, *Pour le libéralisme communautaire,* Ed. P.M. Favre, 1987.

VI

Responsabilités sociales et politiques du chercheur

Président de l'Association des chercheurs et des savants du monde noir, Ch. A. Diop est cet homme de lettres qui s'est spécialisé en physique nucléaire. Membre du bureau de l'Union internationale des sciences préhistoriques et protohistoriques, il a créé et dirigé à l'Institut fondamental d'Afrique noire le laboratoire du radio-carbone. Tout au long de sa vie, l'auteur de *Nations nègres et culture* reste un homme de réflexion et de recherche. Comment assume-t-il ses responsabilités sociales et politiques ? En analysant quelques aspects de son œuvre, je voudrais ressaisir les rapports entre « le savant et le politique » chez l'égyptologue africain.

Un fait retient d'abord l'attention. Si les écrits de Ch. A. Diop s'inscrivent dans l'ordre du discours scientifique, la mission du chercheur ne peut se comprendre en dehors du contexte où le discours « africaniste » tend à apparaître comme la figure théorique de l'impérialisme. Depuis plus de quarante ans, le territoire de l'africanisme, c'est, plus ou moins, la contrée des « hommes des bois » où l'on ne s'intéresse qu'à la nature « tribale » des sociétés africaines « traditionnelles ». En s'efforçant de voir ce que le discours africaniste empêche de regarder, le chercheur indigène se heurte à un appareil de pouvoir qui l'oblige à ébranler les certitudes établies. « Le langage scientifique, écrit Ch. A. Diop, ne doit pas éviter, pour des considérations idéologiques, de désigner exactement les choses, d'appeler la réalité par son nom[1].» Face à l'Afrique, il faudra donc renoncer à se réfugier « dans les convenances » établies. Or il y a un sujet central qui interroge toute conscience moderne :

> « Tout indique qu'à l'origine, à la préhistoire, au paléolithique supérieur, les nègres furent prédominants. Ils le sont restés aux temps historiques pendant des millénaires sur le plan de la civilisation, de la suprématie technique et militaire. Tout esprit qui n'est plus capable de recevoir cette idée, même si elle est objectivement démontrée, ne peut, présentement, rien apporter à la science historique. Toute conscience qui est devenue, par principe, inapte à l'assimiler est rétrograde, quelle que soit l'idée qu'elle se fait d'elle-même et son aptitude à contribuer au progrès réel de la conscience morale de l'humanité pourrait en être limitée[2]. »

Ainsi, c'est par rapport au « vrai passé » des nègres que se décide le problème de la science moderne. C'est pourquoi le chercheur africain se concentre sur « la plus monstrueuse falsification dont l'humanité ait jamais été coupable tout en demandant aux victimes d'oublier pour mieux aller de l'avant[3] ».

En marge de l'université.

Lorsque se décide à rentrer au pays natal celui qui fut l'un des principaux animateurs de la Fédération des étudiants d'Afrique noire en France (FEANF) et le secrétaire général des étudiants du RDA (Rassemblement Démocratique Africain), c'est dans l'enseignement et la recherche qu'il voit sa vie et son avenir. Les deux activités sont inséparables de son projet de vie. Mais, dans son plan, il lui faut d'abord, dans un premier temps, former les étudiants et ensuite se consacrer à la recherche dans le domaine qui lui est propre. Ce projet correspond parfaitement à son profil intellectuel. Car, s'il veut s'investir dans la recherche atomique, c'est dans la mesure où il était physicien de formation. Mais c'est aussi parce qu'il avait commencé à faire des recherches dans ce domaine auprès de Pierre et de Marie Curie durant son séjour en France. En rentrant au Sénégal, il lui semble normal de poursuivre ses recherches. Il faut rappeler que tout au long de son existence, Ch. A. Diop reste hanté par le problème de la recherche scientifique sans laquelle aucun plan de redressement de l'Afrique ne peut se réaliser. C'est sur ce problème que s'achèvent ses réflexions sur « Les fondements économiques et culturels d'un État fédéral d'Afrique noire. » Si la recherche appliquée « doit être partagée le plus possible avec des instituts spécialisés rattachés à l'Université », pour Ch. A. Diop, « la recherche fondamentale sera toujours, essentiellement, du ressort de l'Université[4] ». Dans cette perspective, l'Université doit devenir « un des plus importants centres de formation des cadres africains[5] ».

Ce qu'il y a de troublant dans le destin intellectuel du célèbre égyptologue, c'est que *le pouvoir refuse l'accès à l'Université à l'homme de science dont le rayonnement est aujourd'hui incontestable.* Ch. A. Diop est mort sans pouvoir former une génération de savants capables de prendre sa relève. Professeur de physique et de chimie dans un lycée parisien, le savant dont nous faisons mémoire n'a pu transmettre ses connaissances aux enfants du pays dans le cadre de cette institution qui lui semblait être un des lieux privilégiés de la recherche fondamentale. En Afrique noire où, pratiquement, aucun intellectuel de sa génération n'était en mesure d'entreprendre des travaux dans le domaine atomique, la décision qui condamne Ch. A. Diop à vivre en marge de l'Université est loin d'être innocente.

De toute évidence, la portée des recherches du jeune physicien noir n'a pu échapper aux instances qui, sous des masques divers, assurent le contrôle de la vie intellectuelle de l'Afrique des indépendances. Ecarter de l'Université « un géant de l'esprit » dont les travaux font désormais autorité, c'est bloquer l'essor scientifique des peuples africains. En empêchant les relations entre Ch. A. Diop et la jeunesse étudiante, c'est un avenir de pauvreté et de famine qu'on préparait à l'Afrique. Le rayonnement de cet homme de science n'aurait pas manqué de transformer les milieux universitaires. Et l'on ne peut douter un instant de l'ampleur de son influence sur la vie des étudiants et du nombre de savants et de chercheurs qu'un contact permanent aurait suscités dans de nombreux pays africains. Est-il besoin de souligner le poids considérable qu'il aurait exercé sur la vie de l'esprit dans ces milieux qui constituent, en principe, un haut lieu de production du savoir et de la culture dont les effets sont prévisibles dans les transformations socio-politiques ?

Précisément, personne ne semble ignorer la stature de ce candidat à un poste d'enseignant. En connaissant ses idées depuis l'époque où le jeune étudiant du RDA posait en termes vigoureux le problème de l'indépendance des territoires d'Afrique noire. Le scandale provoqué en pleine Sorbonne par la thèse soutenue dans *Nations nègres et culture* ouvrait un conflit avec les maîtres de vérité : ce conflit ne laissera pas indifférents les maîtres du pouvoir en milieu africain. Ce qui est sûr, c'est que ce n'est pas par ses travaux de physique et de chimie que Ch. A. Diop a laissé un nom dans l'histoire de la science. La majorité de ses écrits, ses articles, le thème de ses conférences et de ses communications, les grands débats auxquels il a participé portent sur les sciences humaines. Nous devons le résultat de ces recherches à sa formation pluridisciplinaire et à sa grande érudition. Peut-être la conversion du physicien à ce domaine de recherche tient-elle, en un sens, à l'urgence des problèmes des sociétés dominées par rapport auxquels le chercheur doit prendre position. Dans cette vie de recherche qu'il mena jusqu'au dernier souffle, si Ch. A. Diop se mobilise et se concentre sur les recherches en histoire, en anthropologie ou en sociologie, c'est sans doute dans la mesure où il s'agit de préparer les Africains à échapper à toute forme d'aliénation culturelle qui est la condition de toute aliénation politique et économique.

L'homme de science et son peuple.

Les questions fondamentales auxquelles le chercheur apporte des réponses sont celles qui touchent à la condition historique des peuples exploités depuis des siècles. C'est à partir de cette situation que l'Afrique elle-même doit devenir l'objet du discours scientifique. Jusqu'ici, l'on avait surtout entendu la voix des poètes et des romanciers noirs. Avec l'égyptologue sénégalais, c'est désormais l'homme de science qui parle de l'Afrique aux Africains. L'essentiel de son œuvre est un long débat avec la tradition intellectuelle de l'Occident. Ce débat s'anime lorsque s'organise la résistance des spécialistes des bords de la Seine et d'ailleurs qui se sont constitués en Association des africanistes l'année même où se tient la grande exposition coloniale de Paris. En fin de compte, il s'agit de savoir si l'antériorité des civilisations nègres relève du mythe ou de la science.

Pendant longtemps, Ch. A. Diop a dû penser à contre-courant, comme l'observe Edem Kodjo[6]. En s'établissant sur le terrain de la recherche objective, il met sa puissance de réflexion et de travail à ébranler le prestige de ce qui, au regard de la raison critique, relève de la falsification et de la pseudo-science.

> « Entre l'Université et un certain monde de la recherche et le Sénégalais flamboyant, constate encore Edem Kodjo, le combat fut dur... et long, jalonné de contributions toujours essentielles (...). Le corps à corps dura longtemps, jusqu'à ce colloque du Caire de 1974 sur le "peuplement de l'Egypte ancienne et le déchiffrement de l'écriture méroïtique "organisé par l'UNESCO. Diop et son disciple, M. Théophile Obenga, y brillèrent de mille feux. La victoire morale du savant sénégalais fut incontestable, même si on préférera user de subterfuges et d'euphémismes. Mis à part un participant, nous dit le rapport final, personne ne refusa globalement ses thèses (...). L'Egypte était africaine dans son écriture, dans sa culture et dans sa manière de penser[7]. »

Ch. A. Diop n'avait cessé de le rappeler aux Africains eux-mêmes depuis *Nations nègres et culture,* voulant ramener à la raison ceux dont la formation intellectuelle ne permettait pas de soumettre à la critique les préjugés que leurs maîtres avaient élevés au rang de vérité scientifique.

Car, si Ch. A. Diop admet qu'il soit nécessaire de réhabiliter la culture des peuples noirs, il se refuse à ne saisir cette culture qu'à travers les arts. En insistant sur la dimension scientifique et technique de la culture africaine, Ch. A. Diop rompt avec les poètes de la négritude qui assument la thèse intolérable de l'infériorité des nègres. L'historien ne peut admettre ces idées lorsque l'apport de l'Egypte nègre à la science et à la philosophie est reconnu par les témoins de la pensée gréco-latine. De même, il n'est pas concevable que les nègres soient « ceux qui n'ont rien inventé » au moment où l'homme de science découvre, preuves à l'appui, le rôle déterminant joué par l'Egypte africaine dans la civilisation qui a surgi dans le bassin méditerranéen. Si l'on veut bien comprendre la culture africaine en la ressaisissant dans le processus historique, il faut donc résister à la mystification dangereuse qui fait de l'irrationnel et de la non-technicité les attributs essentiels de « l'âme noire ». Face aux élites africaines, Ch. A. Diop doit mener un dur combat : décoloniser les esprits de ses congénères qui ont intériorisé les a priori mentaux imposés par le racisme colonial qui a édifié un système d'idées et élaboré un stock d'images autour des peuples indigènes. Cette tâche sera rude, parce qu'il n'est pas facile à un esclave d'oublier les leçons de son maître.

Dès les années Cinquante, Césaire avait été l'un des rares intellectuels noirs à saisir l'enjeu des idées qui, depuis le IIe congrès des écrivains et artistes noirs, sont devenues des lieux communs. En fait, le but recherché par l'historien est d'arriver à se faire comprendre par les siens, compte tenu de l'enjeu du débat scientifique sur l'Afrique. Dans ce souci, les écrits de Ch. A. Diop sont spécialement destinés aux jeunes africains que l'homme de science n'a pu rejoindre par l'Université. Ce sont ces jeunes qui, en permanence, risquent d'être manipulés par l'État néo-colonial qui, à travers le système scolaire, véhicule des messages aliénants. *Dans un contexte intellectuel où l'Afrique ne figure qu'à titre d'objet dans l'effort de production scientifique qui se fait sans elle, le Noir est condamné à se découvrir dans le regard de l'Autre.* Depuis la colonisation, c'est ce qui s'est vérifié dès les bancs de l'école où, à travers *Mamadou et Bineta,* les écoliers africains étaient soumis à un véritable matracage idéologique. En pleine crise du colonialisme, au moment où il s'éveille à la recherche scientifique, Ch. A. Diop ne tarde pas à dévoiler les mensonges d'une science qui dissimule sa passion et ses préjugés « sous les apparences de l'objectivité et de la sérénité ».

D'où la question préjudicielle que le chercheur oblige les élites africaines à se poser : *Quelle vérité peut-on attendre du discours du maître ?* Pour Ch. A. Diop, les théories

« scientifiques » élaborées dans le contexte de la traite et de la colonisation sur l'Afrique et son passé « sont éminemment conséquentes : elles sont utilitaires et pragmatiques : La vérité, c'est ce qui sert et, ici, ce qui sert le colonialisme : le but est d'arriver, en se couvrant du manteau de la science, à faire croire au nègre qu'il n'a jamais été responsable de quoi que ce soit de valable, même pas de ce qui existe chez lui ».

La vérité dont l'Afrique a besoin pour percer son mystère se trouve au bout d'un long chemin, lorsque « les africains se penchent sur leur propre histoire et leur civilisation et étudient celles-ci pour mieux se connaître[8] ». Ch. A. Diop a vite compris que les Africains devaient changer leur esprit afin de faire face au nouvel ordre des choses exigé par la fin du colonialisme. Pour procéder à cette réforme de l'entendement, une nouvelle intelligence de l'Afrique exige, de la part des indigènes, une véritable reprise d'initiative. En invitant les jeunes africains à prendre conscience des articulations internes de la domination et de ses appareils idéologiques, l'homme de science « libère » un vaste champ de recherche où les nouvelles générations doivent assumer les disciplines des sciences humaines avec l'espoir de faire surgir plus de lumière là où les ouvrages occidentaux enseignent « la nuit noire[9] ». Confronté à l'aliénation culturelle de son peuple, Ch. A. Diop n'a qu'une ambition : *susciter et promouvoir en Afrique un mouvement de recherche scientifique animé par les Africains eux-mêmes.*

C'est pourquoi il insiste avec force sur « la nécessité pour un peuple de connaître son histoire et de sauvegarder sa culture nationale. Si celles-ci n'ont pas encore été étudiées, c'est un devoir de le faire. Il ne s'agit pas de se créer, de toutes pièces, une histoire plus belle que celle des autres, de manière à doper moralement le peuple (...) mais de partir de cette idée évidente que chaque peuple a une histoire. Ce qui est indispensable à un peuple pour mieux orienter son évolution, c'est de connaître ses origines, quelles qu'elles soient. Si par hasard notre histoire est plus belle qu'on ne s'y attendait, ce n'est là qu'un détail heureux qui ne doit plus gêner dès qu'on aura apporté à l'appui assez de preuves objectives[10] ». Le problème n'est donc pas de « se glorifier d'un passé plus ou moins grandiose » : il s'agit « de découvrir et de prendre conscience de la continuité de ce passé quel qu'il fût[11] ». Le dessein fondamental de Ch. A. Diop est de « contribuer à l'éveil de la conscience culturelle d'un peuple[12] » en faisant découvrir aux générations actuelles, sur la base d'une investigation scientifique rigoureuse sur l'Egypte ancienne, le rôle capital des Noirs dans l'histoire de l'humanité. Car :

> « Si l'on considère l'histoire de l'humanité, le Noir ne fut-il pas jadis une puissance ? Ne fut-il pas grand ? Historiens, rappelez-vous les jours où l'Egypte, l'Ethiopie et Tombouctou éblouissaient l'Europe. Alors que l'Europe était habitée par les cannibales, des hommes nus, sauvages et païens, l'Afrique était peuplée par une race d'hommes de couleur, maîtres dans le domaine des sciences, des arts, de la littérature, cultivés et raffinés, pareils à des dieux, même les Anciens comparaient les Ethiopiens aux Dieux[13]. »

Ce texte est de Marcus Garvey, le père du panafricanisme. On en trouve toute la substance et la pertinence dans *Nations nègres et culture* où le thème de la mission historique des Noirs dans la civilisation universelle est au centre du débat scientifique des temps modernes.

Dans un contexte où le passé africain a été enveloppé par des pans de nuit, il s'agit de relever le défi lancé par Hegel lorsqu'il proclamait en 1830 : « l'Afrique n'est pas une partie historique de monde ». En retrouvant aux peuples noirs les origines qui sont les leurs, Ch. A. Diop permet aux Africains de se réapproprier l'histoire et de se forger une véritable conscience de soi. Ch. A. Diop ouvre la voie des recherches africaines sur des sujets porteurs d'avenir. Les sociétés ébranlées par le traumatisme colonial ne peuvent se débarrasser des complexes inoculés par les anciens maîtres sans un effort de démystification radicale qui permet au petit écolier de sortir des structures d'aveuglement dans lesquelles il est enfermé dès les premiers pas de la vie scolaire. Ch. A. Diop constatait que le poison culturel était devenu « partie intégrante de notre substance et se manifeste dans tous nos jugements ». C'est pourquoi il a mis toute sa capacité de recherche et d'analyse pour révéler à l'Afrique la vérité qui est la tâche civilisatrice du monde noir dans l'histoire ancienne. Rappeler cet apport des Noirs dans le domaine des sciences, des arts et de la religion au moment où le reste du monde est plongé dans la barbarie, c'est inviter les Africains à se réconcilier avec leur histoire et leur culture.

C'est ce à quoi s'emploie Ch. A. Diop non seulement à travers ses publications et ses conférences, mais par le contact d'homme à homme, lorsque l'occasion lui est donnée de rencontrer des jeunes africains et d'éveiller en eux la passion de la recherche et de mettre à leur portée le fruit de son travail scientifique. Le chercheur africain renonce à toute conception élitiste de la science ; il refuse le mythe du savant inaccessible et lointain. C'est pourquoi, le grand égyptologue ne dédaigne pas la conversation avec les élèves et les étudiants. Pour cet esprit éminent, il n'y a pas de questions stupides qu'il faudrait éviter de lui poser : il reste à l'écoute de ce qui vient d'en-bas, toujours disposé à garder le contact à travers la correspondance ou un coup de téléphone pour répondre à une interrogation ou poursuivre une discussion et un échange amorcés. « Les dieux aussi sont dans la cuisine », pourrait-il affirmer, en reprenant le mot du poète que cite Aristote lorsqu'il entreprend ses recherches sur le monde animal pour montrer qu'il n'y a pas là de sujet méprisable. A défaut d'amphithéâtres, Ch. A. Diop se contente d'une place ordinaire dans un wagon de deuxième classe pour exposer ses thèses à un simple étudiant.

Dans un témoignage éloquent, Marcien Towa a raconté naguère sa rencontre avec Ch. A. Diop dans des conditions inattendues : « J'ai connu sérieusement Cheikh Anta Diop au IIe congrès des écrivains et artistes noirs tenu à Rome en 1959, écrit-il. Nous avions effectué le très long trajet par train Paris-Rome ensemble. Au cours de ce voyage, nous avions discuté sur son œuvre et ses thèses qui étaient audacieuses et que peu de personnes acceptaient (...). A notre retour, j'avais publié un article sur ce congrès dans le journal des étudiants français de Caen et un autre dans *La revue camerounaise* dirigée à l'époque par Eyinga Abel où j'insistais sur les thèses de Cheikh que j'approuvais[14]. » Un autre témoignage, qui nous vient aussi d'un étudiant noir, illustre la facilité avec laquelle cet homme de valeur se laisse approcher par les jeunes : « Nous ayant appris la parenté entre le négro-africain et l'arabe, Cheikh Anta Diop, rapporte Edem Kodjo, devrait mettre en exergue l'unité culturelle de l'Afrique noire, y voyant l'assise réelle d'une construction politique durable. Ce combat passe par la maîtrise des langues nationales, et Diop, qui traduisit devant moi la théorie de la relativité d'Einstein en wolof, se faisait l'apôtre d'une langue africaine soigneusement sélectionnée et enseignée[15]. » Cette scène se situe en milieu étudiant, au cours d'un séminaire organisé par la FEANF en juillet 1959 à Rennes, où, précise l'ancien secrétaire de l'OUA, « je rencontrai Diop pour la première fois ». Il est hors de doute que cette simplicité et cette générosité d'esprit répondent à une logique de l'existence chez un homme de science qui apparaît aujourd'hui comme l'un des grands éveilleurs de la conscience du monde noir.

Un enjeu politique.

Cette responsabilité que Ch. A. Diop assume à l'égard de son peuple à travers les publications diverses et les rencontres décisives représente un enjeu politique considérable. Pour s'en rendre compte, on ne saurait réduire la vie militante du chercheur à des querelles avec les pouvoirs établis. Il faut revenir aux thèmes majeurs de son œuvre et de sa pensée. Or, si l'histoire et la culture, l'homme et la société et, enfin, l'État et les langues constituent les actes majeurs de la recherche de cet homme de science, il importe non seulement d'en saisir la cohérence interne mais aussi la pertinence. Ch. A. Diop appartient à cette génération des années Cinquante qui constitue peut-être la période axiale de la pensée africaine qui s'élabore à partir des événements qui ont marqué la mémoire des peuples noirs. A la veille de Bandoung, l'historien africain reprend les idées publiées dans un article intitulé « Vers une idéologie politique en Afrique noire », paru dans *La Voix de l'Afrique noire,* organe des étudiants du RDA. Dans *Nations nègres et culture,* du nationalisme, il ne retient que deux thèmes essentiels : la culture nationale et l'indépendance nationale. Il est clair que ces thèmes constituent l'horizon de sa recherche dans les divers domaines des sciences humaines. Ce qui est ici remarquable, c'est la portée des sujets que Ch. A. Diop choisit de traiter à travers ses œuvres qu'il ne cessera de relire et d'approfondir à partir d'une intuition maîtresse qui lui sert de fil conducteur.

Pour n'évoquer que quelques exemples, pourquoi, en fin de compte, l'histoire domine-t-elle la problématique de la recherche de Ch. A. Diop sinon parce qu'il s'agit là d'un thème hautement stratégique ? Ici, l'histoire dont il est question n'est pas pour lui l'histoire événementielle mais celle qui s'analyse à partir des pratiques socio-économiques du passé africain. On a vu que l'analyste insiste sur le fait que l'Egypte nègre est restée, « pendant toute l'Antiquité la terre classique où les peuples méditerranéens viendront en pèlerinage pour s'abreuver aux sources des connaissances scientifiques ». Ce fait a été soigneusement masqué par les savants européens. En reprenant la question des origines nègres de l'Egypte ancienne, Ch. A. Diop ne soulève pas le voile sur une réalité qui aurait échappé par hasard à la vigilance des chercheurs et des savants. Cet « oubli » révèle une stratégie de la ruse par laquelle l'Occident veut imposer une image du Noir pour asseoir une politique de domination. Il faut revenir à la logique de l'impérialisme qui se donne des appareils dont ses mécanismes ont besoin pour s'imposer aux sociétés soumises à des comportements mimétiques.

On ne dissimule pas impunément à un peuple son histoire. Pour mieux asseoir le régime colonial, le monde européen a créé en Afrique des peuples amnésiques. Alioune Diop l'a bien compris lorsqu'il voyait dans les sciences historiques « l'enfant chérie de toute politique nationale[16] ». Compte tenu de l'univers mental où s'élaborent les grandes thèses de l'Egyptologue sénégalais, *rétablir la vérité historique des sociétés africaines est un acte politique.* Il n'est pas nécessaire d'insister sur l'importance du problème des langues qui n'a cessé de préoccuper Ch. A. Diop. On sait maintenant que cette question est liée à celle du pouvoir. En poussant un peuple à renoncer à sa langue, on facilite ainsi l'abandon, le renoncement à toute aspiration nationale chez les hésitants et on renforce les réflexes de subordination chez ceux qui étaient déjà aliénés. C'est pour cette raison qu'il existe de nombreux théoriciens au service du colonialisme (...) dont les idées sont diffusées, enseignées à l'échelle du peuple, au fur et à mesure qu'elles sont élaborées[17] ». L'aliénation culturelle comme « arme de la domination » : telle est la situation réelle que le chercheur doit prendre en compte pour définir ses tâches et assumer ses responsabilités, s'il veut renoncer à tenir des discours mercenaires sur la réalité africaine. En identifiant les différents réseaux par lesquels le système colonial propage et communique ses théories (école, moyens de communications, propagande, Eglises...)., ce que Ch. A. Diop vise à faire comprendre aux Africains, c'est le risque grave qui consiste à afficher une confiance aveugle à l'égard du savoir élaboré par leurs maîtres. Car, rien n'est neutre dans la mesure où la pratique scientifique est inséparable de l'action coloniale. Il faut oser apprendre à douter des théories dont le but est de justifier la domination. Le savoir dominant ne cherche nullement à atteindre la vérité mais à forger des « armes culturelles redoutables au service de l'occupant[18] ».

Dès lors, la tâche de l'homme de science n'est pas consignée au fond de son laboratoire. Dans la pratique de la recherche, il importe d'être vigilant afin de prévenir et d'alerter les Noirs du « danger qu'il y a à s'instruire de notre passé, de notre société, de notre pensée, sans esprit critique, à travers les ouvrages occidentaux[19] ». On mesure la portée du doute qui s'impose dans une situation intellectuelle où, à partir des manuels scolaires, les centres d'études et de réflexion, les organismes de recherches et la majorité des publications, les générations africaines n'accèdent à la civilisation du livre qu'à travers les ouvrages écrits en Occident. Ch. A. Diop est peut-être l'un des grands maîtres du soupçon de l'histoire africaine. Du haut de sa stature scientifique, il apparaît comme une véritable sentinelle qui domine l'ensemble du monde noir. En instituant une sorte d'irrespect à l'égard de la pensée de son maître, il éveille l'homme africain à sa propre vocation intellectuelle et scientifique. Pour le chercheur, la science dominante est suspecte : il faut donc apprendre à porter un autre regard sur soi-même, la société africaine et son histoire. Au lieu de reproduire les discours institutionnels, il s'agit de questionner et de repenser les savoirs constitués afin de libérer l'imaginaire des noirs du « poison culturel savamment inoculé dès la plus tendre enfance[20] ». Or tout se passe comme si la question de l'État et du pouvoir était l'horizon de la recherche de Ch. A. Diop.

Qu'on pense ici aux réflexions et aux analyses qu'il entreprend dans cette étude sur *l'Afrique noire pré-coloniale* qui apparaît comme un essai de « sociologie historique » où le savant s'interroge sur l'évolution des sociétés et pose les jalons d'une analyse des mouvements révolutionnaires à partir d'une prise en compte des particularités des structures sociales et politiques africaines. Ce qui nous intéresse surtout, c'est d'observer qu'au moment où la majorité des intellectuels africains n'osaient encore soulever la question de l'indépendance nationale, Ch. A. Diop pose en pleine colonisation, en même temps que le problème de la libération, celui de la création d'un État fédéral en Afrique noire. Cette question de l'État ne le quittera plus jamais. Il y revient dans *Les fondements économiques et culturels d'un État fédéral d'Afrique noire.* La persistance de cette thématique dans les sociétés post-coloniales met en lumière l'écart qui se creuse entre la réalité politique africaine et ce qu'il faut considérer comme l'utopie de Ch. A. Diop. Cette situation est source de tensions dans la mesure où les régimes africains s'enferment dans les frontières tracées par l'Europe au congrès de Berlin.

Ce qui inquiète aussi le politiste, c'est la violence des pouvoirs. L'affaiblissement de l'Afrique du fait de la « prolifération d'États microscopiques voués à la dictature et à l'impuissance politique et économique » : telle est la crainte du savant. Il ne s'agit pas ici du cauchemar d'un intellectuel angoissé mais de la réalité actuelle où l'on se rend compte du peu de poids du continent dans l'espace mondial en dépit des richesses que l'Afrique recèle et dont Ch. A. Diop s'emploie à faire l'inventaire. Ce qui est sûr, c'est que *la pensée de Ch. A. Diop met en cause les mythes fondateurs sur lesquels repose la conception que les Africains ont de l'Etat. Ce à quoi nous invite* le chercheur, c'est à un dépassement de ces mythes et à un réaménagement de l'espace qui tienne compte de l'importance des confédérations qui, seules, donnent à l'Afrique noire des moyens d'exister dans l'espace géopolitique actuel. *Quel État pour l'Afrique noire ?* Telle est la question incontournable que le chercheur laisse aux nouvelles générations. Si le poids politique de cette question est évident, il n'en est pas de même pour la question de l'identité du Noir qui est l'un des grands thèmes de la recherche de Ch. A. Diop.

Pourtant, en Afrique noire, on ne devrait pas oublier le rôle capital des sciences sociales dans ces régions où, comme le reconnaît aujourd'hui R. Jaulin, l'ethnologie a souvent conduit à l'ethnocide afin que règne « la paix blanche ». Depuis la rencontre brutale de l'Afrique et de l'Europe, il n'y a pas de pratique anthropologique qui ne s'inscrive dans une structure idéologique, politique, économique et militaire imposée par l'Occident. Dans ce sens, l'anthropologie participe d'un certain contexte politique, celui-là qui définit les rapports entre les sociétés européennes et les sociétés non européennes. L'idéologie coloniale et l'anthropologie relèvent d'une même configuration et il existe entre ces deux ordres de phénomènes un jeu qui conditionne leur développement respectif. L'anthropologue profite de la « paix blanche » pour étudier des populations dites primitives. Mais cette « paix » ne peut empêcher l'aliénation culturelle, économique ou politique. Or l'anthropologue est l'alibi ou la cause de cette aliénation dans la mesure où il participe de la domination. Dans le contexte colonial, de même que l'histoire se situe du côté de l'Occident qui fait l'histoire, de même, faire de l'anthropologie, c'est, par un phénomène de détour, non seulement chercher des réponses à la crise et aux contradictions internes de la société dominante, mais confirmer l'autorité et le pouvoir des sociétés occidentales, de leur pensée et de leur culture. Ce n'est pas un hasard si cette discipline naît et se développe tandis que les grandes puissances européennes conquièrent leurs empires outre-mer. En tant qu'ensemble théorique, l'anthropologie est une expression de l'impérialisme colonial ; elle est une pratique qui lui sert. *Les anthropologues : ex-*

plorateurs ou espions ? Cette question suggère le jeu des rapports qui s'établissent entre l'anthropologie et l'impérialisme[21].

Quand Ch. A. Diop reprend la question de l'identité du Noir, il a sous les yeux une certaine image de l'Afrique qui remonte à l'Antiquité, comme le rappelle le portrait laissé par Galien au IIIe siècle ; il faut aussi penser à toutes les représentations véhiculées par les récits de voyage, les lettres de mission ou la théologie populaire dans les milieux religieux. L'imagination occidentale a produit « le mythe du nègre » au sein des pratiques coloniales. « Propagée à grand renfort de publicité et enseignée à l'échelle du globe », cette imagerie a bénéficié en Occident « des moyens matériels et financiers de sa propre propagation[22] ». La rencontre de Ch. A. Diop avec ce mythe ouvre un terrain de découverte et d'analyse qui est celui de la prise de conscience d'une exploitation et d'une domination. Pour comprendre l'engagement scientifique du chercheur, il faut toujours revenir au « degré d'aliénation des Africains d'alors ».

Face à cette situation, l'homme de science ne peut s'offrir le luxe de celui qui fait semblant de ne pas se mêler de ce qui ne le regarde pas et se contenter de se retirer à l'autre bout du monde, au milieu des tribus où le Blanc n'a pas encore mis les pieds. Par la nature même de sa fonction objective, le chercheur africain doit prendre des positions différentes de celles de l'anthropologue occidental qui a tendance à se réfugier dans la pureté (?) d'un monde clos qui aurait échappé au péché mortel de la civilisation ; c'est là qu'il s'efforce de nier le bruit et la fureur qui rendent les tropiques tristes dans la mesure où ils remplissent les sociétés exotiques depuis l'invasion des armées coloniales, l'apparition des mouvements de protestation paysannes et populaires ou l'introduction des alcools et de la «société du coca-cola». Ici, la tâche pour Ch. A. Diop n'est pas de valoriser la pureté primitive par rapport à l'inauthenticité des civilisations blanches. Ce dont il s'agit, c'est de détruire « le mythe du nègre » en posant les bases d'une « anthropologie sans complaisance » qui seule peut rendre à l'Africain la vérité de son humanité et de son identité dans la mesure où elle met en lumière le rôle véritable du noir dans l'histoire de l'humanité. Rétablir cette vérité n'est pas seulement un acte de soumission aux exigences de la rationalité scientifique. C'est aussi une atteinte aux fondements idéologiques de la domination. Si l'anthropologie occidentale est « fille de l'impérialisme » et participe, de ce fait, au « développement du sous-développement », *« l'anthropologie sans complaisance » est une pratique scientifique qui s'inscrit dans une dynamique concrète où l'Africain doit passer de l'aliénation à l'initiative.* Au lieu de s'enfermer dans l'analyse de l'homme et de la société à partir d'un cadre théorique où la non-historicité du monde noir est un a priori épistémologique, Ch. A. Diop construit la rupture avec l'anthropologie coloniale en assumant l'histoire comme lieu privilégié de la découverte de l'identité africaine. La recherche sur l'homme noir se situe dans la perspective de l'apport du Noir à la science et à la philosophie où l'Occident retrouve sa mémoire.

Les exemples qu'on vient d'évoquer n'épuisent pas le champ des possibles où le savant et le politique ne cessent de se rencontrer dans la vie de cet homme aux ressources multiformes. Il semble bien qu'aucune recherche n'est située ici en dehors de l'espace du politique. Dans le même sens, toute pratique socio-politique exige une étude approfondie. Dans tous les cas, *les motivations révolutionnaires constituent « l'idée de derrière la tête » dans l'œuvre immense de cet homme de science.* Elles unifient sa pensée et animent toute sa démarche.

Tout peut aider le chercheur à progresser dans ce sens. On a vu le profit qu'il tire de la lecture des auteurs de la Grèce antique. Il lui faut inventer des objets d'étude afin de réveiller la mémoire des sources. Mais il semble bien que, pour Ch. A. Diop, l'histoire reste le véritable laboratoire du penseur africain. Certes, le chercheur noir est ouvert à tout ce qui fait problème. Ch. A. Diop s'intéresse à la parapsychologie dont il tente d'analyser les phénomènes à la lumière de la physique contemporaine[23]. S'il approfondit spécialement les questions touchant l'homme et la société en Afrique, il reconnaît que la « philosophie classique, véhiculée par des hommes de lettres pures, est morte. Une nouvelle philosophie ne pourra naître de ses cendres que si l'homme de science (...), se mue en « nouveau philosophe » (...). Celui-ci, à n'en pas douter, intégrera dans sa pensée toutes les prémisses (...) qui pointent à peine à l'horizon scientifique, pour aider l'homme à se réconcilier avec lui-même[24] ».

Les Africains doivent se préparer à cette exigence dans un contexte où le développement des langues nationales, grâce à l'intégration « des concepts et des modes d'expression capables de rendre les idées scientifiques et philosophiques du monde moderne », doit contribuer à « l'introduction d'une nouvelle mentalité en Afrique, à l'acclimatation de la science et de la philosophie moderne au sol africain[25] ». Le chercheur préoccupé par les « problèmes de l'art africain[26] » reste travaillé par les conditions d'accès à la vie scientifique. « Si nous voulons adapter la nation africaine, dont chacun parle maintenant, aux exigences du monde moderne, nous devons la doter des institutions techniques qui garantissent la vie d'une nation moderne[27].» Les ressources de ce « continent convoité » dont parle l'historien zaïrois imposent la promotion des sciences et des techniques. Tel est, selon Ch. A. Diop, le défi du moment actuel.

Dans cette situation, il y a des choses que le chercheur ne peut manquer de dire aux Africains : s'il attire l'attention sur les armes nucléaires que l'Afrique du Sud s'apprête à acquérir, il insiste sur la stratégie de l'impérialisme dont « les tentacules ne libèrent le tiers-monde d'un côté que pour essayer de l'étreindre de l'autre[28] ». Ch. A. Diop rompt avec les illusions de l'humanisme abstrait pour s'ouvrir à des questions terre à terre. Ces questions le hantent depuis les années Cinquante comme le rappelle son *Alerte sous les tropiques*. Il s'agit ici de l'enjeu de la crise alimentaire au moment où « l'Occident veut protéger son bien-être au sein d'un monde misérable ». Des millions d'Africains auraient échappé à la famine si, dès cette époque, l'on avait pris cette alerte au sérieux dans une région du continent où, dans les milieux intellectuels et scientifiques, on a vu se taire des hommes qui avaient travaillé pendant des années en Afrique, qui y avaient fait carrière et ont parfois écrit des ouvrages savants sur ses populations. Chez les « spécialistes » des questions africaines, c'était l'indifférence à peu près générale devant le drame du Sahel dont Ch. A. Diop annonce les symptômes dès 1954. Ce drame rappelle la gravité du problème de la responsabilité de l'homme de science et de culture en Afrique noire où, *sous prétexte de recherche « objective », on contribue activement à mettre les paysans et les éleveurs sous le joug.*

Propagande ou vérité?

On peut s'interroger sur la valeur d'une œuvre où le chercheur ne se sépare guère du militant, dans la mesure où ses outils d'analyse apparaissent aussi comme des moyens de lutte pour la dignité des peuples africains. En défendant la thèse de l'origine nègre de la civilisation égyptienne, Ch. A. Diop ne sacrifie-t-il pas la vérité scientifique à sa conscience politique?

Cette question est au centre des débats sur l'œuvre de l'égyptologue et de l'anthropologue africain. Il y a répondu lui-même dans sa préface à la seconde édition de son ouvrage fondamental, *Nations nègres et culture.* Ce livre, rappelle-t-il, « a été écrit pendant les années difficiles (1948-1953) de lutte anticoloniale où l'on donnait volontiers libre cours aux passions ». Cette situation n'empêche pas le chercheur de garder la tête froide. Dans le feu du combat nationaliste, il sait prendre une distance critique qui suppose une rupture avec toutes les passions. « Aujourd'hui, écrit Ch. A. Diop, les uns et les autres peuvent mieux juger de l'objectivité de notre position d'alors. » De fait, en dépit des conflits qui opposent les Blancs et les Noirs dans le débat sur le problème national, « on peut constater l'absence de traces de haine ou de racisme à rebours, en relisant ce livre ». Si l'auteur revient sur des imperfections qu'il reconnaît lui-même au cours de relectures qu'il entreprend à travers de nombreux ouvrages, il « ne renie aucun des grands thèmes développés touchant à l'origine nègre des civilisations éthiopienne, égyptienne, à l'étendue et à l'ancienneté du substratum nègre de l'humanité, à l'antériorité de la culture méridionale autour de la Méditerranée, à la parenté culturelle des peuples africains, à la possibilité pour ces peuples de bâtir une culture moderne bénéficiant des acquis de l'humanité ».

Elaborées dans ces années de lutte, « ces idées paraissaient si révolutionnaires que très peu d'intellectuels africains osaient y adhérer[29] ». Pour les hommes de science, elles furent un scandale inadmissible. Aujourd'hui, « les grands thèmes développés dans *Nations nègres et culture* (...) sont tombés dans le domaine des lieux communs[30] ». Personne ne conteste plus les thèses du jeune chercheur engagé dans la lutte pour l'indépendance de l'Afrique. Ce fait donne à réfléchir sur les rapports entre la recherche scientifique et l'engagement politique. Relevons ici un texte fondamental de Ch. A. Diop :

> « On a tendance à croire que toute pensée, toute activité intellectuelle devant contribuer à l'éveil de la conscience culturelle d'un peuple, doivent, forcément, pécher sur le terrain scientifique. Il y avait un moyen d'éviter cette maladie infantile de la recherche culturelle dans le cadre de notre entreprise. Il suffisait d'admettre que chaque peuple a un passé, si modeste soit-il, qu'il est relativement possible de le découvrir par une investigation appropriée (...). Pour atteindre un pareil objectif, point n'est besoin d'altérer sciemment les faits (...). Je ne pouvais tout de même pas déformer la vérité historique, par complaisance, en inventant d'autres origines aux peuples africains pour donner l'impression d'un travail plus « sérieux », plus « scientifique », surtout plus acceptable aux yeux des nombreux spécialistes qui, lorsqu'ils font remonter l'origine de la race noire à quelques millénaires, croient faire une concession majeure. Ce fut donc un véritable dialogue de sourds[31]. »

Ch. A. Diop prend trop la science au sérieux pour la confondre avec la propagande ou l'idéologie. S'il milite pour la réhabilitation des cultures africaines, il en est pleinement conscient et en tient compte jusque dans l'interprétation des faits. Cela suffit pour respecter les exigences de la recherche objective. Reste le problème du langage.

> « On incrimine parfois le ton de notre argumentation. Il ne s'agit pas pour nous d'adopter les défauts des textes que nous critiquons. Dans une démonstration, on doit distinguer la solidité des arguments fournis du ton de l'expression. Aucune indulgence n'est permise en ce qui concerne le premier point qui, seul, relève essentiellement de la science. L'attitude à prendre dans le second cas dépend des circonstances (...). On fuit le débat scientifique d'une façon qui ne trompe personne lorsqu'on substitue à la réfutation des arguments une explication « psychologique » de la motivation d'une œuvre[32]. »

Ce qui compte, c'est « l'exactitude de ce qu'on écrit ». Car ce terrain « est le seul qui soit vraiment intéressant et accessible à une science objective[33] ».

Ch. A. Diop s'engage dans cette voie en déployant toutes les ressources de son érudition pour « libérer » la vérité des « mythes » élaborés autour de l'idéologie de la mentalité primitive qui est un appareil de l'impérialisme.

Pour une science au service de l'homme.

Ce que suggère la réflexion sur les responsabilités socio-politiques du chercheur dans l'œuvre de Ch. A. Diop, c'est la vigilance qui s'impose à l'homme de science en Afrique noire. Car, la neutralité peut être ici une illusion dangereuse qui justifie, en fait, l'ordre établi. Il y a des positions à prendre quand tout un continent va à la dérive. Le chercheur doit se situer par rapport aux défis des sociétés asservies qui risquent d'être exposées à toutes les formes d'aliénation. Sa voix ne peut se taire dans la débacle des valeurs qui menace les générations actuelles. L'auteur de *Alerte sous les Tropiques* reste un exemple dans un contexte où, en dépit des apparences, les mécanismes qui produisent la faim et la pauvreté sont toujours à l'œuvre dans les sociétés africaines. Il faut examiner la responsabilité des hommes de science dans une région du monde où la vie quotidienne est un secteur colonisé tandis qu'un impérialisme hideux prospère dans la phase actuelle du redéploiement du capital qui s'accompagne d'une vaste restructuration idéologique de l'espace mondial.

Ch. A. Diop a été ce chercheur toujours aux aguets, polarisant l'attention de l'Afrique sur les grands défis de la connaissance et de l'action. Cet homme a mis son extraordinaire capacité de travail au service de la réhabilitation et de la libération des peuples noirs. Placé dans d'autres conditions de vie et de réflexion, il aurait sans doute apporté davantage à notre continent. Le sort du savant qui vécut en marge de l'Université prend sens dans les sociétés où l'on gère la famine et la misère au jour le jour. Dans les pays où « manger d'abord » est un problème primordial, il semble que la vie de l'intelligence n'offre qu'un intérêt mineur.

Faut-il condamner l'Afrique à devenir un grand marché d'occasions où les hommes du rythme et de la danse sont voués à consommer des « paquets technologiques » que déversent ici, comme dans une immense poubelle, ainsi qu'on peut l'observer pour les médicaments, les peuples qui s'organisent pour faire de la production de la science un instrument de leur puissance et de leur croissance ? Comme le remarque Edem Kodjo, « les autres continents ne sont pas prêts à nous transférer ces instruments de la puissance que sont la science et la technique moderne[34] ». Les grands trusts ne peuvent être assimilés à des sociétés de bienfaisance qui distribueraient aux « petits nègres » leurs technologies de pointe. Il faut donc renoncer à imaginer que la seule mission de la culture et de la société africaines est d'apporter un « supplément d'âme » au monde défunt des machines, abandonnant aux autres le monopole de la recherche scientifique et technologique.

A cet égard, le drame actuel de l'Afrique n'est pas seulement la fuite mais l'énorme gâchis des cerveaux. Cette déperdition tend à devenir une pratique institutionnelle là où triomphent les charlatans de la culture, privant les sociétés de pénurie d'un potentiel scientifique et technologique qu'il faut mettre en valeur et auquel l'Afrique doit apprendre à faire confiance. L'État africain doit protéger les hommes de valeur, leur permettre de vivre dans la dignité et de travailler en toute sécurité, dans la mesure où la vie de l'intelligence ne peut s'épanouir et se développer que dans un climat de liberté. Il ne peut être question aujourd'hui de condamner les penseurs et les esprits inventifs à noyer la conscience de leur malheur sur les stades de football. *Des milliers d'hommes et de femmes ne peuvent sortir des cachots de la misère sans un projet scientifique mobilisateur assumé par des équipes de recherche en milieu africain.*

Dès 1954, Ch. A. Diop écrit dans *Nations nègres et culture* :

> « Il faudra que l'Afrique assimile la pensée scientifique moderne le plus rapidement possible ; on doit même attendre davantage d'elle : pour combler le retard qu'elle a accumulé dans ce domaine depuis quelques siècles, il lui faut entrer sur la scène de l'émulation internationale et contribuer à faire avancer les sciences exactes dans toutes les branches par l'apport de ses propres fils[35].»

Des pratiques d'assistance ne suffisent plus dans un domaine où la recherche scientifique outre-mer est un aspect de la politique étrangère des grandes puissances. Des nouvelles stratégies de développement nécessitent la connaissance et la mise en valeur des milieux tropicaux, des études sur les problèmes de santé et d'alimentation, une attention au défi de l'environnement, des recherches sur les technologies de base, l'énergie, l'aménagement des villes, les ressources humaines, le développement rural, etc. Ces champs sectoriels qui se situent dans un grand ensemble ne peuvent être abandonnés à la sollicitude des chercheurs venus d'ailleurs. L'Afrique a fait l'expérience de la science moderne dans les conflits armés qui l'ont opposée aux sociétés européennes à partir des conquêtes coloniales et les pratiques d'exploitation et de domination. *La recherche menée en Afrique a surtout porté jusqu'ici sur les productions tropicales qui sont l'objet des marchés internationaux.* Il serait anormal que 90 % de la recherche sur l'Afrique se fassent en dehors de l'Afrique, au détriment des peuples de chez nous. Les pays du Sud ne sauraient rester éternellement des pays explorés, découverts et étudiés par les autres. Si le développement des sociétés africaines dépend du sort qui sera fait aux hommes de science, il faut aujourd'hui créer les conditions qui nous permettent d'échapper à toute forme de tutelle intellectuelle.

C'est pourquoi, le déséquilibre actuel entre l'enseignement général et l'enseignement scientifique et technique est un défi majeur qui doit être relevé par les Africains auxquels incombe désormais la responsabilité d'organiser le développement scientifique et technique de nos sociétés. *Dans un monde dur où l'accès au marché du savoir est une lutte implacable, la formation des hommes capables de découvrir et d'inventer doit être une tâche primordiale.* La production d'une grande quantité de spécialistes de la non-spécialité ne peut répondre à cet objectif fondamental. Sans un décloisonnement des filières de formation, qui prépare les nouvelles générations à un travail interdisciplinaire par lequel s'effectue la recherche scientifique contemporaine, l'Afrique ne peut prendre en main une véritable problématique scientifique assumée par les savants eux-mêmes. Dans beaucoup d'universités africaines, la séparation des disciplines ne permet pas d'atteindre un seuil à partir duquel une véritable politique de recherche scientifique est possible. Dès lors, entre les politiques et les scientifiques, une concertation s'impose pour sortir l'Afrique des blocages inhérents à l'État post-colonial. C'est ici que la figure de Ch. A. Diop demeure un signe et un appel.

S'il est devenu un leader d'opinion en raison de l'autorité morale qu'il représente par son œuvre scientifique, ce lutteur acharné ignorait les barrières artificielles que des pratiques scolaires ont fini par dresser entre les différentes disciplines. Doté d'une formation totale qui le mettait en situation de dialogue avec des savants et des experts venus d'horizons divers des sciences exactes et des sciences humaines, il incarne un type d'homme de culture auquel aucun secteur du savoir n'échappe à son immense compétence. Pressé par les urgences du combat qu'il mène sur tous les fronts, il s'interdit les simplifications abusives et l'agitation stérile. Si une exigence l'habitait, c'était celle de rechercher sans relâche la vérité. Ce qui oriente toute sa vie, c'est la volonté de mettre tout en œuvre pour qu'avance la science et triomphe la vérité, en approfondissant toujours davantage les questions traitées et en rejetant toute espèce de facilité. S'il lui arrive de développer des critiques sans concession, c'est pour bannir la médiocrité et dénoncer la banalité. L'Afrique a besoin de ce type d'homme au moment où des illuminismes divers risquent de paralyser les forces critiques et inventives des sociétés bloquées. Nous assistons à une manipulation du croyable organisée par les systèmes dominants afin de neutraliser toute conscience critique et empêcher les forçats de la faim de faire acte de folie dans les conflits où ils n'ont rien à perdre. Avant que ces systèmes ne le récupèrent, il faut restituer Ch. A. Diop aux peuples africains. Car, *dans la crise actuelle des sociétés post-coloniales, ces peuples ont besoin d'une pensée radicale dont l'auteur de* ***Nations nègres et culture*** *donne l'exemple.*

Pourquoi la terre africaine ne redeviendrait-elle pas un espace où la raison est active en inventions et recherches ? Un grand nombre d'États risquent de disparaître de la carte géopolitique du monde, sans un renouveau de la recherche scientifique et un véritable programme d'innovation technologique. Il nous faut désormais méditer ce que Ch. A. Diop écrivait aux jeunes Africains :

« Puissent-ils comprendre qu'à la maîtrise des connaissances, il faut ajouter l'efficacité de l'organisation pour se maintenir. » Dans les sociétés qui s'apparentent à une immense mangeoire, il faut renoncer à tout ce qui peut contribuer à banaliser la médiocrité. Comme l'écrit encore le grand homme de science d'Afrique noire, « le chercheur africain n'a pas le droit de faire l'économie d'une formation technique suffisante qui lui ouvre l'accès aux débats scientifiques les plus élevés de notre temps où se scelle l'avenir culturel de son pays ». Ch. A. Diop nous appelle à créer les conditions d'un faisceau de vérités directrices et le développement de l'Afrique. Pour réaliser le grand rêve de cet homme de recherche, des études régionales s'imposent sur les plans économique, linguistique et politique. Elles peuvent montrer, avec l'autorité de la vérité scientifique, les avantages concrets des regroupements, des mises en commun des ressources naturelles ; elles constituent aussi un moyen pour les hommes de science d'Afrique de se retrouver ensemble afin de s'acquitter des tâches relevant de leurs devoirs propres : fournir des lumières qui dissipent la nuit propice à la division des peuples d'Afrique, à leur domination et à leurs exploitation.

En définitive, *mettre la science au service de l'Afrique exige, au préalable, un haut niveau de compétence.*

> « Les spécialistes africains, rappelle Ch. A. Diop, doivent prendre des mesures conservatoires. Il s'agit d'être apte à découvrir une vérité scientifique par ses propres moyens, en se passant de l'approbation d'autrui, de savoir conserver ainsi son autonomie intellectuelle jusqu'à ce que les idéologues qui se couvrent du manteau de la science se rendent compte que l'ère de la supercherie intellectuelle est révolue. La compétence devient la vertu suprême de l'Africain qui veut désaliéner son peuple[36].»

Telle est la tâche socio-politique du chercheur dans l'œuvre du célèbre historien africain.

Dans cette perspective, rappeler le souvenir de Ch. A. Diop, c'est le rendre vivant dans la vie et l'histoire de ceux qui sont aujourd'hui les oubliés de la terre. C'est se rappeler la façon dont cet homme de science a su allier avec lucidité et efficacité la théorie et la pratique. C'est, enfin, tenter de s'approprier la lecture critique de la réalité de son peuple marqué par une aliénation massive. *Etre fidèle à la mémoire scientifique et révolutionnaire de Ch. A. Diop, c'est, pour nous autres Africains d'aujourd'hui, nous engager dans la voie de la responsabilité et de la créativité.* Il est temps de mettre fin à « la déraison du mimétisme ». Pourquoi devrions-nous chercher notre avenir dans le passé des autres au moment où ceux-ci cherchent à boire à d'autres sources pour sortir de leurs contradictions et de leurs crises ? Comme nous y invite Fanon, un autre témoin de la conscience noire, « Tâchons d'inventer l'homme total que l'Europe a été incapable de faire triompher[37].»

NOTES

(1) *Antériorité des civilisations nègres,* p. 10.
(2) *Idem,* p. 11.
(3) *Ibid,* p. 12.
(4) *Les fondements économiques et culturels,* p. 117.
(5) *Idem,* p. 118.
(6) Edem Kodjo, « Cheikh Anta Diop ou la pensée à contre-courant », *Le monde diplomatique,* mars 1986.
(7) *Idem.*
(8) *Nations nègres et culture,* t. 1, p. 15.
(9) *Idem,* p. 14.
(10) *Idem,* p. 19.
(11) *Ibidem,* p. 15.
(12) *Ibidem,* p. 25.
(13) Cité par I. Babakake, *La Diaspora Noire,* Paris, 1976, pp. 36-37.
(14) Voir *Le Républicain,* n° 81, 1986.

(15) Edem Kodjo, *art. cité.*

(16) Cf. Présence africaine, n° 24-25, 1959, p. 44.

(17) *Nations nègres et culture,* p. 14.

(18) *Idem,* p. 14.

(19) *Ibidem,* p. 14.

(20) *Ibidem,* p. 25.

(21) Sur ce sujet, voir les ouvrages déjà cités, n° 13, p. 31.

(22) *Civilisation ou barbarie ?,* p. 10.

(23) *Civilisation ou barbarie ?* pp. 465-476.

(24) *Idem,* p. 476.

(25) *Nations nègres et culture,* t. 1, p. 17 ; t. 2, p. 418.

(26) *Idem,* t. 2, pp. 523-542 ; lire aussi *L'Unité culturelle de l'Afrique Noire,* pp. 154-170.

(27) E. Kodjo, *Et demain l'Afrique,* Stock, Paris, 1986, p. 296.

(28) *Antériorité des civilisations nègres,* p. 281.

(29) *Nations nègres et culture,* t. 1, p. 5.

(30) *Idem,* p. 5 ; voir aussi le Colloque du Caire 1974.

(31) *Ibidem,* p. 25.

(32) *Antériorité des civilisations nègres,* p. 11.

(33) *Idem,* p. 11.

(34) E. Kodjo, *Et demain l'Afrique,* Stock, p. 361.

(35) *Nations nègres et culture,* p. 17.

(36) Ch. A. Diop, Préface à Th. Obenga, *L'Afrique dans l'antiquité, Egypte Pharaonique, Afrique Noire,* 1974, p. 10.

(37) Fanon, *op. cit.,* p. 240.

Le défi des nouvelles générations africaines

Beaucoup reste à faire pour découvrir Ch. A. Diop. C'est peut-être maintenant que les jeunes Africains vont commencer à le lire et à l'étudier. Mais il faut d'abord sauver de l'oubli cet homme de science qui a quelque chose à dire aux nouvelles générations. Les maîtres à penser de l'Afrique risquent sans cesse d'élever le mur du silence autour d'une pensée qui perturbe l'ordre du discours sur l'homme et la culture en milieu africain. Ch. A. Diop n'a pas publié ses livres dans les grandes maisons d'édition contrôlées par les institutions officielles de recherche scientifique. Il a choisi une édition africaine bien modeste. Les résultats de ses travaux échappent aux circuits et aux réseaux de communication des experts des questions africaines. Il n'est pas étonnant qu'un grand nombre de chercheurs étrangers ignorent les écrits de l'historien et de l'égyptologue africain. En fait, comme je l'ai rappelé dans cette étude, *Ch. A. Diop est resté un hérétique du savoir institué*[1].

Au temps de l'Inquisition, on brûlait les hérétiques. Des savants comme Galilée ont fait l'objet d'affaires et de procès célèbres. S'agissant d'un chercheur noir qui dérange, la stratégie des grands maîtres est de l'oublier. On n'en parle pas. Si l'on est contraint de ne pas l'ignorer, on se contente de le traiter de fantaisiste. On reconnaît, certes, l'importance de son message politique. Pour le reste, son œuvre relèverait de la littérature parascientifique. L'on n'hésite pas à mettre les jeunes Africains en garde contre la dérive idéologique des grandes affirmations de l'auteur de *Nations nègres et culture.* Ce procès n'est pas nouveau. Il est présent à toute la vie de Ch. A.

Diop, depuis le jour où les Sorbonnards ont refusé ses thèses sur l'origine nègre de l'Egypte ancienne. Le malheur de cet homme de recherche, c'est d'avoir osé mettre son nez dans un domaine où les maîtres à penser s'étaient taillé un fief afin de monopoliser la parole sur l'Afrique. L'irruption du petit nègre dans les temples du savoir moderne provoque la surprise, voire l'indignation de « ceux qui savent ». Sans jamais être pris en main par un maître initiateur, Ch. A. Diop s'aventure sur les chemins arides de la science avec la prétention de donner des leçons à ceux qui apportent la lumière sur « les années obscures de l'Afrique ».

Car il ne se contente pas de bousculer les acquis des travaux reconnus par ceux qui distribuent des mentions à leurs élèves : *il pousse l'audace jusqu'à annoncer la fin des certitudes, ouvrant des voies nouvelles à la recherche sur l'Afrique, au-delà des apports de l'africanisme.* Tel est le fond du problème de la valeur scientifique, des résultats de l'œuvre de l'égyptologue, de l'historien, de l'anthropologue et du linguistique noir. Ch. A. Diop ne risque-t-il pas aussi d'être dénaturé par les nouvelles générations qui, dans les amphithéâtres et les campus, reconnaissent en lui « l'homme de science » qui a rétabli la vérité après les falsifications de l'histoire africaine imposées par l'impérialisme colonial ? Ce qui menace aujourd'hui l'œuvre du chercheur africain, c'est la tentation d'en faire un objet magique, sacré, et, en définitive, infaillible. On oublie ici de situer Ch. A. Diop dans le contexte historique où sa pensée a vu le jour, avec les problèmes spécifiques qui l'ont mise en mouvement, compte tenu des moyens d'approche liés à un moment de la vie intellectuelle avec ses limites incontestables.

Il n'est pas facile de lire Ch. A. Diop sans passion. C'est l'une des marques de son œuvre pluridimensionnelle. Au moment où la deuxième génération de l'indépendance est en quête de mythes et de modèles, il faut éviter de faire de Ch. A. Diop une idole. Son nom ne saurait servir de fétiche. Cette récupération ultime ne lui convient pas et ne ressemble pas à sa personne. Cet homme prend trop la science au sérieux pour ne pas admettre la liberté de penser et accepter la contradiction. Ch. A. Diop est toujours resté ouvert au débat et à la confrontation. L'œuvre du savant ne relève pas de l'inspiration divine. Il ne faut pas la prendre comme la Bible ou le Coran. Au Moyen Age, il suffisait de citer Aristote pour que toute discussion soit close. Ch. A. Diop n'a pas laissé une somme théologique qu'il suffirait de commenter avec fidélité, sans remettre en cause l'édifice doctrinal qui doit être reproduit comme des dogmes intangibles. Le plus mauvais service à rendre à ce chercheur, c'est de consolider le règne du consensus dans les régimes où tout débat véritable tend à disparaître de l'espace de la communication. Il faut bien le rappeler : Ch. A. Diop n'a pas tout dit sur l'Afrique noire. Il convient ici de renoncer à en faire un « pharaon du savoir ». Il était trop modeste pour s'identifier à des personnages dont les pratiques de pouvoir liées à des régimes théocratiques ne correspondent pas à ses exigences démocratiques. Si l'on ne veut pas momifier son œuvre, il faut la soumettre au libre examen. C'est une façon de lui reconnaître sa grandeur et son actualité. Seule une pensée vivante peut susciter le débat et nourrir la réflexion. *Au nom de Ch. A. Diop lui-même, il faut donc organiser la discussion et la recherche autour des questions fondamentales que son œuvre pose à la vie intellectuelle.*

Dans cette perspective il importe de situer l'homme de science et de culture qui ne laisse personne indifférent. A travers les réflexions de cette étude, j'ai tenté de mettre en lumière toute la complexité de l'œuvre et de la pensée de Ch. A. Diop en soulignant ses grandes articulations et ses thèmes majeurs, ses défis et ses enjeux épistémologiques et socio-historiques. Je voudrais insister sur la *confiance en soi et la capacité de créer qu'il voulait faire naître dans le cœur des Africains.* Tel me paraît être le message fondamental laissé par Ch. A. Diop. Il ne prône nullement une nostalgie du passé africain, si glorieux soit-il. Il ne veut pas non plus qu'on le répète comme s'il avait dit le dernier mot de toutes choses. Dans les disciplines qu'il a pratiquées, il reste un précurseur et un pionnier. Il a laissé des questions fondamentales pour lesquelles il n'a pas eu le temps de trouver des réponses. Son œuvre comporte des attentes qu'il faut combler. C'est pourquoi elle laisse aux nouvelles générations la responsabilité de fournir des réponses à la communauté scientifique en reprenant les questions qui demeurent. Cela s'impose pour l'histoire, l'égyptologie, l'anthropologie et la linguistique qui sont au centre de l'œuvre de Ch. A. Diop. L'usage que le chercheur africain a fait de ces disciplines nous pousse à renouveler et à développer des méthodologies d'approches en sciences humaines dans le contexte africain. *Gérer l'héritage de Ch. A. Diop, c'est retrouver ce sens de la créativité qui s'impose dans le champ du savoir où la décolonisation des sciences humaines est une exigence de notre temps.*

L'Afrique constitue un véritable laboratoire de ces sciences. Mais il nous faut accepter le meurtre du Père et rompre avec le mimétisme pour créer. Au cœur des sociétés où ils vivent, les hommes de recherche doivent faire comprendre ce qui se passe dans les transformations de l'Afrique. Il faut repérer les enjeux de la recherche, élaborer des outils d'analyse, inventer un nouveau langage de transmission. Dans la mesure où Ch. A. Diop a su mettre en valeur l'interdisciplinarité dans les différents ordres des sciences sociales et humaines, il reste ici un repère qui éclaire l'avenir. Beaucoup de jeunes s'interrogent : que faire après Ch. A. Diop ? J'ai dit qu'il faut éviter toute pétrification de son œuvre et de sa pensée. J'ajoute ici un point essentiel : être fidèle au célèbre égyptologue africain, c'est devenir un moment de la création en marche. Toute la préoccupation de Ch. A. Diop se concentre sur ce souci majeur qui, seul, peut provoquer le réveil scientifique et technologique de l'Afrique. C'est dans ce sens que l'origine nègre de la civilisation égyptienne constitue le cadre théorique de tout discours sur les réalités et les problèmes de nos sociétés.

Le célèbre anthropologue écrit opportunément dans *Civilisation ou barbarie ?* :

> « L'Africain qui nous aura compris est celui qui, après la lecture de nos ouvrages, aura senti naître en lui un autre homme, animé d'une conscience historique, un vrai créateur, un Prométhée porteur d'une nouvelle civilisation et parfaitement conscient de ce que la terre entière doit à son génie ancestral dans tous les domaines de la science, de la culture et de la religion[2]. »

Ainsi, l'avenir de la pensée de Ch. A. Diop repose entre les mains des générations qui accèdent aux nouvelles formes du savoir dont nous avons besoin pour transformer nos conditions d'existence. Si cette pensée est un élément constitutif de notre culture, c'est pour nous appeler à aller plus loin, dans l'aventure contemporaine de la vie de l'esprit. Cela exige une confrontation des pratiques quotidiennes avec les thèmes fondateurs développés dans l'œuvre du savant noir.

Beaucoup se posent aujourd'hui en admirateurs du savant disparu tout en méprisant les langues africaines. Pour cet homme qui fut l'un des premiers à réclamer l'indépendance immédiate pour les colonies françaises en Afrique, « il nous faut recréer notre unité en créant une langue africaine ».

On se demande si Ch. A. Diop n'est acceptable pour les pouvoirs africains que lorsqu'il désintègre le discours européen en réaffirmant l'origine nègre de l'Egypte ancienne. C'est oublier qu'il n'a jamais tourné le dos aux luttes du présent, remettant en cause le sort imposé à l'Afrique par l'impérialisme dont les intérêts sont aujourd'hui protégés par les appareils de l'État néo-colonial. L'égyptologue sénégalais est loin d'être obsédé par le débat sur l'identité nègre de l'Egypte ancienne au point qu'on puisse réduire sa pensée à la quête des origines en oubliant la dimension politique de son œuvre. Comme le rappelle Théophile Obenga, « rechercher à connaître ses origines n'a jamais empêché de régler les problèmes de l'heure (...). Cheikh Anta Diop n'a jamais tourné le dos aux problèmes actuels africains[3] ». En fait, l'enjeu historique, culturel et politique de l'œuvre de Ch. A. Diop n'échappe pas aux pouvoirs occidentaux qui ont tout fait pour l'étouffer. Il fallait tout mettre en œuvre pour empêcher ce pionnier de susciter des vocations et de tracer des voies d'avenir. Pour le chercheur et le militant, « la révolution africaine passe par la restauration de la conscience historique ». Or, il n'y a pas de conscience historique sans conscience politique. Pour reprendre le combat de Ch. A. Diop qui est celui de l'Afrique noire, on ne peut faire « l'économie d'une connaissance approfondie de la société africaine[4] ». L'étude des problèmes africains s'impose si nous voulons dominer une situation qui exige tant d'énergie humaine, tant de lucidité intellectuelle, tant de pensée créatrice. Toute forme d'indolence et d'engourdissement mental doit être exclue. Les travaux de l'historien africain nous mettent sur la voie des réponses à trouver sur le terrain. Voici l'appel de Ch. A. Diop aux jeunes du continent :

> « Notre génération n'a pas de chance, si l'on peut dire, en ce sens qu'elle ne pourra pas éviter la tempête intellectuelle ; qu'elle le veuille ou non, elle sera amenée à prendre le taureau par les cornes, à débarrasser son esprit des recettes intellectuelles et des bribes de pensée, pour s'engager résolument dans la seule voie vraiment dialectique de la solution des problèmes que l'histoire lui impose.
>
> Cela suppose une activité de recherche, au sens le plus authentique, des esprits lucides et féconds, capables d'atteindre des solutions efficaces et d'en être conscients par eux-mêmes, sans la moindre tutelle intellectuelle.
>
> C'est la conjoncture historique qui oblige notre génération à résoudre dans une perspective heureuse l'ensemble des problèmes vitaux qui se posent à l'Afrique (...). Si elle n'y arrive pas, elle apparaîtra dans l'histoire de l'évolution de notre peuple comme la génération de démarcation qui n'aura pas été capable d'assurer la survie culturelle, nationale, du continent africain ; celle qui, par sa cécité politique et intellectuelle, aura commis la faute fatale à notre avenir national, elle aura été la génération indigne par excellence, celle qui n'aura pas été à la hauteur des circonstances[5].»

Lire Ch. A. Diop, c'est chercher à relever ce défi.

Dans la mesure où les universités africaines sont des lieux de production de la culture, elles sont appelées à devenir des centres d'études et de recherche où la vie et l'œuvre de Ch. A. Diop peuvent nourrir et stimuler la réflexion des jeunes africains. *Nous sommes les dépositaires du testament de Ch. A. Diop.* Nous avons une mission à remplir pour assurer la présence et le rayonnement de sa pensée. Aurons-nous le courage des initiatives historiques qui conditionnent l'essor de la science et de la culture ?

La véritable fidélité à cet homme de culture qui nous a rendu notre mémoire se traduit par tout ce qui nous permet de réactualiser sa foi en l'homme africain et de retrouver sa force de travail et de recherche pour échapper à la pire domestication qui soit, celle de l'esprit. Le cours de l'histoire peut changer si les peuples noirs renouent avec leur tradition scientifique et technique qui est à l'origine des civilisations antiques. Ch. A. Diop disait :

> « Autant la technologie et la science modernes viennent d'Europe, autant dans l'Antiquité, le savoir universel coulait de la vallée du Nil vers le reste du monde et en particulier vers la Grèce, qui servira de maillon intermédiaire. Par conséquent, aucune pensée, aucune idéologie (...) n'est par essence étrangère à l'Afrique qui fut la terre de leur enfantement[6].»

Soyons réalistes : c'est l'impossible qui arrive. Quand l'Afrique retrouvera toute sa capacité de penser, alors elle se remettra debout, libre et fière.

NOTES

(1) Sur ce thème, lire « Ch. A. Diop, l'hérétique », *Peuples Noirs, Peuples africains,* nov.-déc. 1986. Voir aussi le symposium sur l'œuvre de Ch. A. Diop : « Problématique et Champ historique », *Le Soleil,* 23 avril 1982 ; « Contrer les hégémonies idéologiques et scientifiques », *id.* ; Edem Kodjo, « Cheikh Anta Diop ou la pensée à contre-courant », *Le Monde Diplomatique,* mars 1986.

(2) *Civilisation ou Barbarie ?,* p. 16.

(3) Th. Obenga, art. cité.

(4) *Les fondements économiques et culturels d'un État fédéral d'Afrique Noire,* p. 5.

(5) *Idem,* p. 28.

(6) *Civilisation ou barbarie ?,* p. 12 ; chap. 16 et 17 ; Voir aussi *Nations nègres et culture,* t. 2, 1979, pp. 405-411.

BIBLIOGRAPHIE

I. – Ouvrages

Nations nègres et Culture, Présence Africaine, Paris, livre de poche, 1979.

L'Afrique Noire pré-coloniale, Présence Africaine, Paris, 1960.

L'Unité culturelle de l'Afrique Noire. Domaines du patriarcat et du matriarcat dans l'Antiquité classique. Présence Africaine, Paris, 1982.

Les fondements économiques et culturels d'un État fédéral d'Afrique Noire, Présence Africaine, Paris, 1974.

Antériorité des civilisations nègres : mythe ou vérité historique ?, Présence Africaine, Paris, 1974.

Physique nucléaire et chronologie absolue, IFAN-NEA, Dakar, 1974.

L'Antiquité africaine par l'image, NEA, Dakar, 1975.

Parenté génétique de l'Egyptien pharaonique et des langues négro-africaines, NEA, Dakar, 1977.

Civilisation ou barbarie ? Anthropologie sans complaisance, Présence Africaine, Paris, 1981.

Nouvelles recherches sur l'Egyptien ancien et les langues négro-africaines modernes, Présence Africaine, Paris, 1988.

II. – Articles

« Vers une idéologie politique en Afrique Noire », in *La voix de l'Afrique Noire, organe des Etudiants du RDA,* Paris, 1952.

« La lutte en Afrique Noire », *id.* 1953.

« Alerte sous les Tropiques », *Présence Africaine,* décembre 1952-janvier 1953.

« L'Unité culturelle de l'Afrique Noire », *1er Congrès des Ecrivains et Artistes Noirs,* n° spécial, *Présence Africaine,* 1956.

« Apports et perspectives culturelles de l'Afrique Noire », 2ème Congrès des Ecrivains et Artistes Noirs, *Présence Africaine,* Rome, n° spécial, 1959.

« Civilisations africaines », in *Horizons* (la revue de la paix), juillet-août 1957.

« Sociologie africaine et méthodes de recherche », *Présence Africaine,* nº 48, 1963.

« Réponses à quelques critiques », in *Antériorité des civilisations nègres,* 1967, pp. 231-279.

« Comment enraciner la Science en Afrique : exemples wolof (Sénégal) », in *Bulletins de l'IFAN,* Série B, tome XXXVII, nº 1, 1976.

« Philosophie, Science et Religion. Les crises majeures de la philosophie contemporaine », in *Actes du Colloque philosophie et religion,* Université de Dakar, 7-8 juin 1982, Revue sénégalaise de philosophie, nºs 5-6, janvier-décembre 1984.

« Apports de l'Afrique à la civilisation universelle », in *Actes du Colloque international : Centenaire de la Conférence de Berlin 1884-1985,* Présence Africaine, 1987.

« Origine des Anciens Egyptiens », in *Histoire Générale de l'Afrique,* vol. II, Afrique ancienne, UNESCO, 1980.

III. – Sur Ch. A. Diop, lire :

« Cheikh Anta Diop, l'hérétique », in *Peuples Noirs-Peuples africains,* nov.-déc. 1986. .

Colloque du Caire sur le peuplement de l'Egypte ancienne et le déchiffrement de l'écriture méroïtique, UNESCO, 1978.

Colloque à l'Université de Brazzaville du 19-22 mars 1986 : « l'histoire et le développement africain : l'exemple de Ch. A. Diop ».

Dieng, Amady Aly, *Hegel, Marx, Engels et les problèmes de l'Afrique Noire,* Dakar, 1978.

Edem Kodjo, « Cheikh Anta Diop ou la pensée à contre-courant », in *Le Monde diplomatique,* mars 1986.

Evan Van Stertima, éd. Great African Thinkers, vol. I, Cheikh Anta Diop, USA, 1987.

Guidy Wandja, I., *Un homme plein d'humilité,* in *Jeune Afrique,* 14 mai 1986.

Hommage à Cheikh Anta Diop in *Afrique-Histoire,* nº 12, 1987.

Cameroon Tribune, 12 février 1986.

Corbet, *Revue Martiniquaise de Sciences Humaines et de Littérature,* nº Sciences et Civilisations Africaines, 1989.

Nomane, revue culturelle, nº spécial, 1989.

Un géant du Savoir, Le Soleil, 8 et 9 février, 1986, *Taxaw,* mars 1986.

Kotte Essome, « Cheikh Anta Diop connu et méconnu » in *Nomade,* nº spécial, pp. 66-73.

Ndiaye, J.P. et Siradou Diallo, « Aux sources du génie noir », in *Jeune Afrique,* 25 mars 1986.

Sindjoum-Pokam, « Silence autour d'une pensée », in *Cameroon Tribune,* 21 et 22 février 1987.

Symposium sur l'œuvre de Cheikh Anta Diop, « Problématique et champ historique », *Le Soleil,* 23 avril 1982 ; « Contrer les hégémonies idéologiques et scientifiques », in *Le Soleil,* 24 avril 1982.

TABLE DES MATIÈRES

UN TÉMOIN DU SIÈCLE

652928 - Mai 2016
Achevé d'imprimer par